AF438781

LE COMPLOT DES JACOBINS

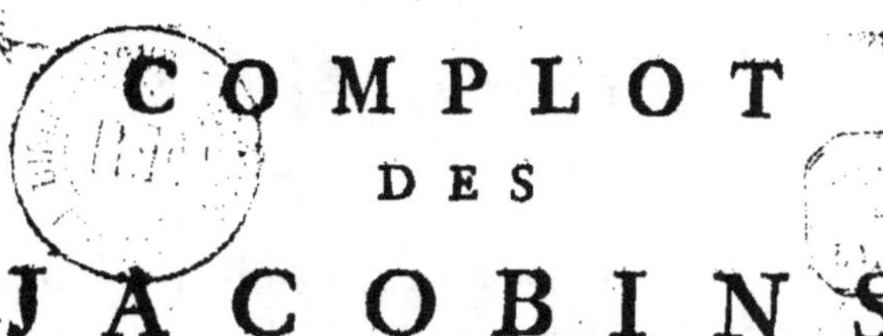

TOURNÉ EN EAU DE BOUDIN,

COMÉDIE-PARADE,

EN TROIS ACTES ET EN PROSE,

AVEC UN PROLOGUE.

AU PALAIS-ROYAL,

Chez les Marchands de Nouveautés.

1792.

CETTE pièce vraîment originale, joint, au mérite de l'exactitude., un mérite plus rare encore, celui d'être strictement assujettie aux grandes règles théâtrales. Les trois unités y sont observées avec le plus grand scrupule : unité de lieu, elle se passe toute entière dans une salle ; unité de temps, elle ne dure que neuf heures : unité d'action, tout se rapporte à une conspiration. Les principaux personnages ne pouvoient pas exciter plus d'intérêt ; il augmente à chaque acte, à chaque scène ; on y est toujours agité de l'inquiétude trop fondée de ne pas coucher dans son lit, à la première dénonciation que fera faire le comité des recherches, composé des plus frénétiques jacobins, qui attendent toujours la nuit pour leurs grandes opérations.

EPITRE DÉDICATOIRE

A

NOS FARCEURS DU MANÉGE.

Ô vous que fait extravaguer l'amour dé la licence, qu'il vous plaît de décorer du beau nom de liberté, recevez l'hommage d'une farce dont l'honneur vous appartient tout entier. Vous y avez joué les premiers rôles, et vous ne pourrez me faire qu'un reproche, celui de n'avoir pu rendre fidèlement vos gasconismes et vos barbarismes. Je vous ai traduit en français, et si je n'ai pu vous faire parler votre langage original, burlesque, trivial, bas, grossier, digne de vous enfin, le jeu des acteurs, qui vous représenteront, y suppléera. Je ne me suis pas permis de rien retrancher du bavardage de quelques-uns de vos membres insignifians, et je n'ai rien oublié de ce qui s'est passé dans cette nuit mémorable, où vous cherchiez à faire une grande diversion ; j'espère que vous conserverez quelque reconnoissance du soin que je prends de votre gloire, et que vous daignerez agréer cette preuve de mon zèle et de mon dévouement.

L'ÉDITEUR.

A 2

ACTEURS PRINCIPAUX.

LE MONTEY, Président.
FAUCHET, Accusateur.

LAGREVOLE,
GRANGÉNEUVE,
ROUYER,
LACROIX,
LE COINTRE
THURIOT,
GARAN-COULON, } Membres du discrétoire jacobin.

M. RAUCH, Tambour-Major.
M. RICHARD, Sergent-Major.
M. LUCOT, Menuisier.
M. DUCROS, Commissionnaire au coin des rues.
M. MANOURY, Limonadier.
Madame CHABAVARLET, fille Limonadière.
M. CARIGNON, Térassier.
M. FLEURET, Peintre-vitrier.
Une partie de l'Assemblée.
Les Familiers de l'Inquisition.
La Sainte-Hermandad.
Troupe de curieux.
Troupe d'imbéciles.
Troupe de Fainéans.
Troupe de Brigands.

La scène est dans la jacobinière du Manége.

LE COMPLOT DES JACOBINS

TOURNÉ EN EAU DE BOUDIN,

COMÉDIE-PARADE.

Le théâtre représente la salle de l'inquisition.

PROLOGUE.

LES MEMBRES DE L'INQUISITION;

FAUCHET *à la tribune.*

MESSIEURS, depuis le jour de sa formation, le comité de surveillance a été sans cesse occupé à se procurer des renseignemens sur des enrôlemens qui se faisoient dans Paris, pour Coblentz. Il n'avoit pu avoir, jusqu'à présent que des renseignemens insuffisans ; il vient, en ce moment, d'obtenir une preuve complette , ainsi que vous pourrez en juger par les pièces suivantes.

A 3

La première est un procès-verbal du sieur Rameau, commissaire de police de la section de la place Vendôme, portant comparution du sieur Germain Marigol, sergent volontaire de la garde nationale parisienne, lequel requis dans son poste, par deux particuliers à lui inconnus, à l'effet d'arrêter avec eux, un particulier qui étoit dans un cabaret à la porte Saint-Honoré, ayant pour enseigne : *au Dauphin*, qui étoit prévenu de vouloir séduire plusieurs particuliers pour les enrôler pour les émigrans. Satisfaisant à ladite réquisition, le sieur Marigol s'est transporté sur-le-champ audit cabaret, et a arrêté ledit particulier avec les deux requérans, et deux autres particuliers qui étoient de leur société ; et ledit sieur Marigol a requis acte, & a signé.

Ensuite sont comparus les sieurs et dame Gaviot, demeurant rue et île Saint-Louis chez M. Germain, marchand tapissier, et le nommé Lebour, demeurant rue Maffvaux chez madame Remy, logeuse; François Trinquet, demeurant rue Macon, n°. 4, et Louis Alsiner, demeurant rue du Bout-du-Monde, maison du boulanger, tous compagnons couteliers, demeurans chez M. Pissot, passage de Ratziwil, Palais Royal, lesquels nous ont déclaré qu'étant cejourd'hui, sur les neuf heures, à déjeûner dans une cave en ville, rue et passage des Petits-Pères, au coin de la rue des Petits-Champs, ils ont vu un particulier qui buvoit seul à une table; il s'est approché de la leur, et leur adressant la parole, en disant que depuis vendredi il faisoit ribotte aux dépens des émigrés ; qu'il avoit reçu 120 livres de M. Duval, secrétaire de M. de la Salle; que, s'ils vouloient, il leur en feroit donner bien d'autres ; que la route étoit de passer par Soissons ; Laon, Noyon, Givet, et enfin arriver à Coblentz ; que les auberges étoient indiquées et le prix fixé ; qu'il falloit être rendu à Coblentz pour le 20 du courant, etc. Après avoir entendu les discours dudit particulier, on a cru devoir requérir la garde pour l'arrêter, etc.

Suit l'interrogatoire dudit particulier arrêté, par lequel il appert se nommer Pierre Maignier, âgé de trente-neuf ans, compagnon du sieur..... menuisier du Panthéon, natif de Dijon, demeurant rue l'Evêque, butté Saint-Roch, lequel Pierre Maignier a nié tous les faits ci-dessus, etc.

Par les autres pièces remises à votre comité de surveillance, il paroît qu'un tambour-major et un sergent-major de la garde nationale parisienne sont impliqués dans cette affaire, et votre comité pense qu'il importe au bien public de faire amener à la barre tous ces particuliers qui pourront vous donner des connoissances ultérieures.

Tous les inquisiteurs ensemble.

Bon ! bon ! voilà de quoi nous amuser. C'est une conspiration contre la sainte révolution ; on ne dira pas que non ; pour le coup nous tenons les aristocrates.

(L'assemblée décrète, en applaudissant vivement, que les prévenus seront amenés à la barre.)

Le président. Messieurs, recueillons-nous ; préparons nos esprits ; il s'agit du salut de l'inquisition.

Fin du prologue.

(Il est onze heures du soir.)

ACTE PREMIER.

SCENE PREMIÈRE.

(Il est minuit et demi.)

LE PRÉSIDENT *Deux cents quarante Membres,*

M. RAUCH.

LE PRÉSIDENT *à M. Rauch.*

MONSIEUR, vous êtes mandé à la barre par ordre de l'assemblée nationale. Comment vous nommez-vous ?

M. Rauch. Je me nomme *Rauch.*

Le président. Comment s'écrit votre nom ?

M. Rauch. R A U C H.

Le président. Quel est votre état ?

M. Rauch. Je suis tambour-major de la sixième division pour l'instruction des tambours. Ce qui concerne le service du tambour-major.

Le président. Depuis quand êtes-vous à Paris ?

M. Rauch. Il y a deux ans.

Le président. Où étiez-vous hier à onze heures du matin ?

M. *Rauch.* Monsieur, j'étois dans ma chambre.

Le *président.* N'étiez-vous pas dans la rue Saint-Honoré, dans un cabaret, ayant pour enseigne *le Dauphin ?*

M. *Rauch.* Non, monsieur ; je n'ai point sorti hier jusqu'à sept heures du soir, que pour exécuter une retraite à la Place Vendôme ?

Le *président.* Et le 11, avant-hier ?

M. *Rauch.* Avant-hier non plus.

Le *président.* Vous n'avez pas été non plus dans ce cabaret-là avant-hier ?

M. *Rauch.* Non, monsieur.

Le *président.* Connoissez-vous M. Lucot ?

M. *Rauch.* Non, monsieur ; je ne le connois pas. Cependant, si vous voulez, je vous expliquerai deux mots sur le nommé Lucot. C'est que le nommé Lucot m'a envoyé un homme dans ma chambre avec une lettre. Cet homme m'adressa une lettre, dont je l'ai encore dans ma poche, en disant, je viens de la part d'un nommé Lucot, qui me recommande à vous pour me rengager ; j'ai servi autrefois dans le régiment des Gardes, où vous avez servi aussi. Je lui demandai dans quel quantième de l'année il est sorti du régiment des Gardes. Il m'a répondu qu'il en étoit sorti l'année 1783 ; et moi je lui dis, je suis de l'année 1777, ainsi y a quinze ans passés ; pour lors je dis on n'engage personne, qui que ce soit pour les gardes nationales pour le présent, jusques après le jour de l'an ; par ce moyen, je m'informerai à mon sergent-major ou à mes supérieurs, si, pour aujourd'hui ou demain, on engagera quelqu'un ; je lui ferai savoir : çà me paroît très-étrange, ce nom Lucot, dont son nom est signé sur une très-petite lettre que j'ai dans une poche.

Le président. Voulez-vous donner la lettre?

M. *Rauch.* Oui, monsieur.

Le président. Déchirez la signature.

Lagrévole. Dès qu'il l'offre, il faut qu'elle soit lue en entier.

Le président. Offrez-vous la lettre ?

M. *Rauch.* Oui, monsieur, de tout mon cœur et mon ame. Voici la lettre :

« Mon cher ami Rauch, ç'est pour te souhaiter » le bonjour, en même temps voilà un de mes amis » que je vous envoie ; comme samedi nous avons » bu le rogome ensemble, vous m'avez parlé d'en- » gager, voilà un bon garçon, je vous prie de » l'engager. Je suis votre ami Lucot. Comptez sur lui » comme sur moi ; vous me verrez dimanche matin. » A Paris, ce 13 décembre 1791. »

Le président Vous vouliez donc engager quelqu'un ?

M. *Rauch.* Jamais.

Le président. Connoissez-vous M. de la Salle?

M. *Rauch.* Non, monsieur, je n'ai pas cet honneur-là.

Le président. Connnoissez-vous M. Richard ?

M. *Rauch.* Richard ; ah! je le connois; M. Richard, c'est le sergent-major de ma compagnie.

Le président. Où loge-t-il ?

M. *Rauch.* Il loge dans la caserne, à l'Oratoire, à l'entresol.

Le président. Connoissez-vous M. Duval ?

M. *Rauch.* Non, monsieur.

Le président. Vous a-t-on donné l'adresse de ces messieurs de la Salle et Richard ?

M. *Rauch.* Jamais, monsieur ; toute connoissance que j'ai, c'est celui qui m'a apporté cette lettre d'hier, par un particulier qui s'adressoit à moi pour s'engager. J'ai dit, ma foi, que je ne savois pas qu'on pût engager après le jour de l'an. Nous attendons notre organisation ; nous ne savons pas combien d'hommes vont s'en aller avec leurs pensions. Y en a qui ont leur parole à dire, oui ou non, s'ils veulent s'en aller d'ici au jour de l'an, et que je laisserois savoir ça après le jour de l'an, si j'avois à lui faire savoir quelque chose. Il est venu dans ma chambre, il avoit des camarades avec lui.

Le président. Avez-vous quelques connoissances relatives à des enrôlemens ?

M. *Rauch.* Aucune, aucune.

Le président. Quels étoient les camarades que vous aviez dans votre chambre ?

M. *Rauch.* Des tambours, mes élèves.

Le président. Comment les nommez-vous ?

M. *Rauch.* Un nommé Chalotan, & l'autre Dubois.

Le président. Etoient-ils présens à la conversation que vous avez eue avec M. Lucot ?

M. Rauch. Oui, monsieur, ils étoient présens ; ils ont entendus ce que je lui ai dit relativemens à l'engagement.

Le président. Avez-vous eu quelque commission particulière pour faire des enrôlemens ?

M. Rauch. Non, monsieur, sur mon ame, je ne m'en suis jamais mêlé.

Le président. N'avez-vous pas présenté à M. Lucot un porte-feuille dans lequel étoient des assignats ?

M. Rauch. Non, monsieur, je ne suis pas trop riche en assignats de vingt-quatre et trente sous.

Le président. Je crois pouvoir le faire retirer.

Rouyer. Il faudroit lui faire quelques questions sur la route.

Le président. Connoissez-vous la route d'ici à Worms ou à Coblentz ?

M. Rauch. Ma foi, depuis 1759, je n'ai pas fait cette route-là : quand j'ai sorti, de la guerre d'Hannovre, du régiment de Nassau, où je servois, nous avons pris ce chemin près Hesse-Cassel, au siége de cette place, où j'ai été, pour venir par Mayence, par Worms, par Landau. Voilà la route que je puis savoir : je n'ai jamais fait ce chemin depuis ce temps-là.

Le président. On ne vous a pas proposé un autre jour que ceux-là de faire des enrôlemens ?

M. Rauch. Jamais . monsieur, jamais de ma vie: je vous le dirois naïvement.

Le président. N'étiez-vous pas chargé, par votre compagnie, de fai-e des enrôlemens?

M. Rauch. Jamais; parce que depuis quelque temps que tous nos soldats s'en vont petit à petit, on a engagé quelques personnes : si j'avois été chargé de quelques-uns, pour enrôler dans notre garde nationale, je les aurois transportés à mes propres supérieurs, que je connois, pas à d'autres. Mais on n'a engagé personne depuis long-temps.

Le président. Comment se fait-il que vous ne connoissant pas ce Lucot, il vous écrit et vous appelle mon cher ami ?

M. Rauch. J'en suis même très-étonné, parce que j'ai dit à ce particulier : Je ne connois pas ce Lucot.

Le président. Comment se fait-il qu'il vous écrive à vous-même, et qu'il vous dise que vous lui avez parlé d'engager quelqu'un?

M. Rauch. Je ne puis pas savoir; je suis très-connu dans Paris.

Un député. Il fait beaucoup de bruit dans Paris.

M. Rauch. Ma réputation m'a fait connoître par mon nom propre dans toutes les divisions de l'armée; mais je suis fort étonné qu'un étranger me traite comme ça sans le connoître.

Le président. Vous avez une cousine?

M. Rauch. J'en ai deux : j'en ai une qui est

mariée, et qui demeure dans le faubourg Saint-Honoré, chez madame la marquise de Marbeuf, qui est suisse ; une autre qui demeure en face du Panthéon : elle se nomme Massy, rue Saint-Thomas-du-Louvre ; elle est marchande grainetière : voilà tous les parens que j'ai à Paris.

Le président. Comment les nommez-vous ?

M. Rauch. Il y en a un qui se nomme Meynier, parce qu'ils sont deux frères de différens pères, mais de la même mère. L'un des deux est suisse chez madame de Marbeuf : il se nomme Meynier, et l'autre Champart.

Le président. N'avez-vous pas trouvé un jour, en sortant du Panthéon, quelqu'un avec qui vous avez causé sur les affaires du temps ?

M. Rauch. Non, monsieur, parce qu'il se passe quelquefois six mois, huit mois sans que j'y aille.

Le président. Vous pouvez vous retirer.

(*On entend quelques coups de canons.*)

SCENE II.

Les Membres de l'Assemblée.

Un député. Le fait le plus important de tous ceux qui ont été énoncés, relativement au particulier que vous venez d'entendre, c'est sa conversation avec le sieur Lucot. Cette conversation est rendue dans les procès-verbaux dont vous avez entendu la lecture, d'une manière toute différente à celle que vient de nous la rendre le particulier qui a été entendu à la barre. A l'appui de sa version, il a cité deux témoignages. L'assemblée nationale ne peut pas prononcer sans les faits, sans s'être assurée de la certitude de la version qu'on vient de lui énoncer. Je demande donc que l'assemblée, avant de prononcer sur l'accusé, entende les dépositions des deux particuliers qu'il a nommés, à l'appui de la déclaration qu'il a faite. (*Le chœur en baillant : à demain.*)

Fauchet. (*à part*) ce n'est pas - là mon compte.

Un député. Je crois qu'il y a une méthode bien simple de s'assurer des faits, et de confronter cette personne-ci avec Lucot, qui est maintenant détenu à l'abbaye: il n'y a pas bien loin; il faut faire venir l'homme en arrestation.

Un autre député. Il faut entendre celui qui est en arrestation avant de juger celui-ci.

Fauchet. Pendant qu'on entendra celui qui va paroître, il faudroit faire venir de la mairie Lucot, qui y est détenu, et ensuite on le mettroit en présence de Rauch.

(*On tiroit alors des coups de fusils dans les faubourgs Saint-Martin et Saint-Denis, et l'on crioit : aux armes.*)

SCENE III.

L'ASSEMBLÉE, M. RICHARD.

Le président. Monsieur, vous êtes ici par les ordres de l'assemblée nationale. Comment vous appelez-vous ?

M. Richard. Richard.

Le *président.* Quel eft votre état?

M. Richard. Sergent-major de la compagnie du centre de la compagnie de l'Oratoire.

Le *président.* Depuis quand êtes-vous à Paris?

M. Richard. Je suis à Paris depuis le 11 août 1789 ; je suis parti de Rennes depuis le 2 août.

Le *président.* Connoissez-vous M. Lucot ?

M. Richard. Non, monsieur.

Le *président.* Connoissez-vous le sieur Rauch?

M. Richard. Je le connois pour tambour de la compagnie.

Le *président.* Connoissez-vous M. Duval?

M. Richard. Non, monsieur.

Le *président.* Et M. de la Salle ?

M. Richard. Je ne le connois pas non plus.

Le *président.* Avez-vous connoissance de quelqu'en-rôlement ?

M. Richard. Non, monsieur.

Le *président.* Vous n'avez pas appris que le sieur Rauch ait fait quelqu'enrôlement ?

M. Richard. Non, monsieur, je le connois très-peu : il ne couche pas dans la caserne.

Le *président.* Quand on veut recruter la compagnie, est-on dans l'usage de s'adresser à lui ?

M. Richard. Quand on veut recruter la compagnie on s'adresse à moi, lorsqu'un homme se présente.

On

On n'a engagé personne dans la garde nationale
depuis cette époque ; il ne s'est point présenté
d'hommes , et je n'en ai pas vu. Quand un homme
se présente, il se présente au sergent-major , qui
le conduit à son capitaine ; et d'après les ordres du
capitaine , on le conduit à l'état-major ou à M. le
major-général, et de-là à celui qui est chargé de
faire les engagemens.

Le *président*. Le sieur Rauch a-t-il présenté quelques
recrues.

M. *Richard*. Non, monsieur le président, personne.

Le *président*. Je crois pouvoir faire retirer M. Richard.   (Le *chœur s'impatientant* : Oui, oui.)

M. *Richard*. M. le président, je voudrois avoir
l'honneur de vous remettre mes papiers : il doit y
avoir un membre de l'assemblée nationale duquel je
dois avoir l'honneur d'être connu. Je remets en
même temps le certificat de la manière dont j'ai servi
dans la révolution, ainsi que ma cartouche de sergent
de grenadiers du régiment de Lorraine où j'ai servi.
Il y a des membres dans l'assemblée qui ont bien
voulu signer et attester les certificats que voici : il
doit être signé de M. Codet.

Codet. C'est moi , me voici. (*Il va regarder la pièce
déposée sur le bureau*.) C'est précisément ma signature.

SCENE IV.

LES MEMBRES DE L'ASSEMBLÉE.

Lacroix. Je demande, M. le président, qu'on fasse

entrer le sieur Lucot, qui est dans le prochain corps-de-garde.

Un député. Ces personnes sont-elles dans des appartemens séparés ?

Un député. Oui , oui , monsieur.

Rouyer. M. le président , je demande que vous donniez des ordres pour que l'assemblée soit assurée de ce fait.

SCENE V.

L'Assemblée, M. Lucot,

Le président. Comment vous nommez-vous ?

M. Lucot. Lucot.

Le président. Comment écrivez-vous votre nom ?

M. Lucot. L U C O T.

Le président. Quel est votre état ?

M. Lucot. Menuisier.

Le président. Où demeurez-vous ?

M. Lucot. Rue de l'Evêque.

Le président. Depuis quand êtes-vous à Paris ?

M. Lucot. Depuis le 8 de juin.

Le président. Où étiez-vous avant-hier , à onze heures du matin ?

M. Lucot. Dimanche j'étois à travailler.

Le président. Et hier, à onze heures du matin, où étiez-vous ?

M. Lucot. Hier, monsieur, j'étois rue Croix-des-Petits-Champs, en face le Trésor-royal ?

Le président. Vous n'étiez donc pas dans la rue Saint-Honoré ?

M. Lucot. Non, monsieur.

Le président. N'étiez-vous pas à peu-près à cette heure-là, dans un cabaret qui a pour enseigne un Dauphin ?

M. Lucot. Non, monsieur, je ne connois point d'enseigne.

Le président. Connoissez-vous M. Rauch ?

M. Lucot. Oui, monsieur.

Le président. Avez-vous eu quelque conversation avec lui ?

M. Lucot. Monsieur, j'ai eu une conversation avec lui samedi au soir ; j'allois travailler au Panthéon. Je l'ai rencontré dans la rue Saint-Honoré ; il m'a dit bon soir, je lui ai dit bon soir ; il m'a demandé comment je me portois, je lui ai dit que je me portois bien, et il m'a répondu la même chose ; il m'a offert à boire une petite goutte de rogome ; nous sommes entrés chez un épicier, je lui ai dit que ça ne valoit rien ; nous avons été à la place du Palais-Royal, où il y a un petit magasin ; nous avons bu un petit coup de rogome, et là-dessus il m'a dit, qu'il engageoit pour M. de la Salle ; sur quoi, il m'a offert des billets que je n'ai pas reçus : de-là, il m'a fait partir par la rue Saint-Thomas-du-

Louvre, où nous avons entré dans un café boire une bouteille de bierre. De-là, il est entré chez sa cousine, il m'a dit que sa cousine alloit le gronder ; de fait, il l'a été aussi : de-là, il a voulu me mener coucher avec lui, je n'ai pas voulu, j'ai été coucher à l'auberge.

Le président. Connoissez-vous un M. Duval ?

M. Lucot. Non, monsieur, je ne le connois pas.

Le président. Le sieur Rauch vous en a - t - il parlé ?

M. Lucot. Il m'a parlé de M. de la Salle.

Le président. Avez-vous écrit au sieur Rauch ?

M. Lucot. On m'a donné un billet pour lui porter aujourd'hui ; j'y ai été.

Le président. A qui avez-vous donné ce mot d'écrit ?

M. Lucot. J'ai donné ça à un monsieur qui est chez le commissaire, qui est venu me demander ça ce matin.

Le président. Vous rappellez-vous ce qu'il vous a dicté ?

M. Lucot. Comme il m'a dicté la lettre, je l'ai suivi ; je lui ai marqué, comme je lui avois dit, qu'il alloit pour tâcher de s'engager ; il me disoit : mon cher ami, tu n'as qu'à lui marquer que je viens de ta part pour t'engage avec M. de la Salle. Je n'ai pas mis le nom de M. de la Salle , parce qu'il me l'a défendu.

Le président. Qu'est-ce qui vous a dicté ce billets ?

M. Lucot. Monsieur, c'est un monsieur qui est

chez M. le commissaire, qui fait des commissions

Le *président*. Comment s'appelle-t-il ?

M. *Lucot*. Je serois en peine de vous dire son nom, car je ne le sais pas; il y a un monsieur ici qui le connoît bien.

Le *président*. Pourriez-vous désigner cette personne que vous ne connoissez pas ?

M. *Lucot*. Monsieur, si je le voyois, je le reconnoîtrois.

Le *président*. Est-il grand ?

M. *Lucot*. C'est un grand qui a un chapeau rond, qui vient avec une canne chez M. le commissaire.

Le *président*. Depuis quel temps connoissez-vous M. Rauch ?

M. *Lucot*. Monsieur, il n'y a pas long-temps que je le connois, c'est de samedi.

Le *président*. Qu'est-ce qui vous a fait faire connoissance avec lui ?

M. *Lucot*. Monsieur, c'est lui qui m'a offert à travailler.

Le *président*. (*à l'assemblée*) Je crois qu'il seroit nécessaire de le faire écrire. (*à M. Lucot.*) Avez-vous contracté quelqu'engagement ?

M. *Lucot*. Rien du tout, monsieur; il m'a montré un porte-feuille qui étoit plein de papiers.

Le *président*. Saviez-vous au nom de qui ce monsieur de la Salle engageoit ?

M. Lucot. Non, monsieur, il ne me l'a pas dit ; il m'a dit qu'il m'engageoit au nom de M. de la Salle, et qui les conduisoit tout de suite.

Le président. Vous a-t-il dit quel étoit ce monsieur de la Salle ?

M. Lucot. Non, monsieur, il ne me l'a pas dit.

Le président. Il ne vous a pas parlé de sa qualité ?

M. Lucot. Non, monsieur.

Le président. Son âge ?

M. Lucot. Je ne le sais pas.

Le président. Sa demeure ?

M. Lucot. Il m'a dit qu'il restoit à la place Louis XV, dans la rue Royale.

Le président. En vous parlant de vous engager, vous a-t-on dit pour quel endroit ?

M. Lucot. Il ne m'a pas nommé le régiment ; mais tout ce qu'il m'a dit, c'est que le long de la route je serois nourri de distance en distance ; qu'on donneroit des billets de nourriture, et qu'on reçoit en route des billets d'étape.

Le président. Vous a-t-il parlé de la ville où l'on devoit aller ?

M. Lucot. J'ai demandé jusqu'où j'irois, ils m'ont parlé de Soissons, Senlis.

Le président. Vous a-t-il parlé de Givet ?

M. Lucot. Non, monsieur, il ne m'a pas parlé de Givet.

Le président. Vous a-t-il parlé des émigrans ?

M. Lucot. Il m'en a parlé une fois.

Le président. Que vous a-t-il dit à ce sujet ?

M. Lucot. Il ne m'a pas parlé si c'étoit pour les émigrans; mais je m'en suis douté dès qu'il m'a ouvert la bouche.

Le président. D'après quoi avez-vous pensé que ce pouvoit être des émigrans dont il s'agissoit ?

M. Lucot. Monsieur, après qu'il m'a eu parlé des émigrans.

Le président. S'il vous en a parlé, il vous en a dit quelque chose. Qu'est-ce qu'il vous en a dit ?

M. Lucot. Mais , monsieur , il m'a dit que c'étoit pour aller-là.

Le président. Vous a-t-il dit que c'étoit pour aller à Coblentz ?

M. Lucot. Il ne m'a pas dit cela , il ne m'a pas parlé tout-à-fait d'aller à Coblentz.

Le président. Vous a-t-il parlé de l'armée des princes ?

M. Lucot. Non , monsieur , il ne m'a pas parlé de l'armée des princes , il m'a parlé des émigrans.

Le président. Vous a-t-il désigné une époque pour vous rendre à cet endroit-là ?

M. Lucot. Monsieur , il m'a dit qu'il falloit être rendu pour le 22 décembre.

Le président. Vous a-t-il fait offre d'argent ?

M. Lucot. Monsieur , il m'a offert du papier.

Le président. De combien ?

M. Lucot. Il ne m'a pas dit la somme.

Le président. En avez-vous pris quelqu'un?

M. Lucot. Rien du tout.

Le président. Feriez-vous bien le signalement de ce monsieur ?

M. Lucot. C'est moi qui a écrit son nom, mais je ne sais pas bien l'ortographe.

Le président. Quel âge a-t il à peu près ?

M. Lucot. Monsieur, je ne le sais pas, c'est le soir que je l'ai vu.

Le président. Est-il grand !

M. Lucot. Non, monsieur, c'est un petit brun; courtaud, une figure large, et puis un long nez.

Le président. Comment ce Rauch étoit-il habillé ?

M. Lucot. Monsieur, il avoit un habit de tambour-maître.

Le président. Mais, comment étoit son habit?

M. Lucot. Son habit, y a des galons.

Le président. Y a-t-il des revers ?

M. Lucot. Il y a des revers de la nation.

Le président. Le reconnoîtriez-vous bien ?

M. Lucot. Oui, monsieur.

Le président. Rauch parle-t-il bien français ?

M. Lucot. Monsieur, il est Allemand.

Le président. Lorsqu'il vous a parlé, y avoit-il quelqu'un présent ?

M. Lucot. Monsieur , il m'a parlé chez le limonadier. Il y avoit un garçon qui étoit-là-

Le président. Dans quel endroit ?

M. Lucot. C'est sur la place du Palais-Royal , à
côté d'un boucher.

Le président. Savez-vous le nom du limonadier ?

M. Lucot. Non , monsieur , je ne le sais pas.

Le président. Quel est cet ami que vous proposiez
à M. Rauch ?

M. Lucot. C'est l'homme qui fait les commissions
de M. le commissaire.

Le président. Comment se nomme-t-il ?

M. Lucot. Je ne sais point son nom du tout.

Le président. Quand il a été question d'engagement , le sieur Rauch ne vous a-t-il point parlé de
faire un serment ?

M. Lucot. Oui , monsieur.

Le président. Et comment étoit-il conçu ce serment ?

M. Lucot. Par leqnel on soutiendroit les émigrans.

Le président. Etoit-il dans ce serment question des
princes ?

M. Lucot. Monsieur , non , il ne m'en a pas parlé
du tout.

Le président. Du tout ?

M. Lucot. Non , monsieur.

Le président. N'avez-vous pas engagé deux autres
hommes ?

M. Lucot. Monsieur , je vais vous dire la circonstance. Je me suis trouvé à boire un coup dans le cabaret , et j'ai trouvé deux hommes. Je leur ai dit que j'avois trouvé un homme qui engageoit pour M. de la Salle , qui demeuroit rue Royale. Pour lors ils m'ont dit que si nous le trouvons , nous mangerons son argent en bons citoyens , et puis nous n'irons pas.

Le président. Quel est l'homme que vous chargiez de porter à M. Rauch le billet que vous aviez écrit?

M. Lucot. Le monsieur qui fait les commissions de M. le commissaire.

Le président. Chez le limonadier, outre le garçon, y avoit-il encore une cousine du sieur Rauch ?

M. Lucot. Non , monsieur , ce n'est pas-là le quartier ; elle n'étoit pas-là.

Le président. Où demeure-t-elle ?

M. Lucot. Elle demeure rue Saint-Honoré.

Un député. Il faudroit lui demander pourquoi il dit qu'il le verra dimanche.

Le président. Je crois qu'il faut appeler M. Rauch.

Un député. Je crois qu'il faut faire retirer cet homme un instant, pour que l'on puisse parler.

SCENE VI.

LES MEMBRES DE L'ASSEMBLÉE.

Un député. Je crois qu'il seroit à propos que le garçon cafetier chez lequel ils ont été M. Rauch & lui , soit interrogé , ainsi que la cousine de M. Rauch, pour éclaircir un fait. M. Rauch a dit qu'il y avoit long-temps qu'il n'avoit été chez elle : cet homme a dit qu'il a été chez la cousine.

Plusieurs voix. Il n'a pas dit cela.

M. Lacroix. Je demande que l'on fasse paroître à la barre l'un et l'autre particulier. Il s'agit de prendre en leur présence à tous deux des éclaircissemens qui ont eu lieu entr'eux. Lorsqu'une fois l'assemblée les aura entendus , elle sera en état de prendre un parti , sans faire paroître à la barre ni la cousine ni le garçon cafetier. Il ne faut pas arrêter la ville et les faubourgs ; il faut simplement s'assurer des coupables. Voilà , je crois , le seul moyen d'y parvenir.

M. Grangeneuve. Il ne faut pas de preuves plus claires que le jour. Vous avez à desirer une prévention raisonnable sur ce délit, pour les mettre en état d'accusation. N'allez donc pas desirer que l'on mette votre esprit parfaitement tranquille sur tous les détails et sur toutes les branches de cette affaire (*Le chœur avec un mouvement d'indignation* : Ah ! ah !) Je demande donc que ces deux personnes paroissent à la barre ensemble ; que M. le président demande à Lucot les mêmes choses qu'il lui a déjà demandées , Lucot répondra. De même M. le président dira , quand il le trouvera à propos, à l'autre : que répondez-vous à cela? Rien de plus ; et après qu'ils auront l'un et l'autre parlé et répondu , alors l'assemblée prendra un parti.

M. Gossuin. Nous sommes tous d'accord qu'il n'y a pas d'inconvénient à les faire venir.

(*On introduit M. Rauch , qui regarde M Lucot.*)

SCENE VII.

L'Assemblée. M. Lucot, M. Rauch.

Le président. Connoissez-vous un nommé Rauch ?

M. Lucot. Monsieur, le voilà.

Le président Avez-vous eu quelque conversation avec lui ?

M. Lucot. Samedi soir.

Le président. Quelle conservation avez-vous eue avec lui ?

M. Lucot. Il m'a dit : bon soir ; je lui ai dit : bon jour ; il m'a demandé comment je me porte, j'ai dit que je me portois bien, je lui ai demandé sa santé de même, il m'a dit que cela alloit bien ; il m'a offert un coup de rogome : alors nous avons bu le rogome. Il m'a mené dans un café à la descente du Palais - Royal, à côté d'un boucher. (*Rauch le regarde toujours.*)

Le président. Vous a-t-il fait quelques propositions ?

M. Lucot. Il a dit qu'il engageoit pour M. de la Salle, et m'a offert des billets, que je n'ai pas acceptés. Nous avons été boire une bouteille de bierre dans la rue Saint–Thomas–du–Louvre. De-là il m'a voulu emmener coucher avec lui. Je n'ai pas voulu y aller ; je me suis retiré.

M. Rauch. Avec moi ?

M. Lucot. Oui, monsieur, samedi au soir.

Le *président.* Vous a-t-il parlé des émigrans ?

M. Lucot. Il m'a dit qu'il engageoit pour lui , et qu'il falloit lever la main , pour dire qu'on seroit fidèle.

Le *président.* Vous a-t-il dit à-peu-près la route pour vous rendre-là ?

M. Lucot. Il m'a parlé du côté de Soissons , Senlis et du côté de Givet. Il m'a dit qu'on me donneroit des cartes d'étapes pour être nourri pendant la route.

Le *président.* Et vous , M. Rauch , qu'avez-vous à répondre à ce que vous venez d'entendre ?

M. Rauch. Monsieur , je ne peux rien répondre sur cette chose-là De mon côté , je jure sur mon ame que je ne lui ai jamais fait aucune propostion. Il est possible de supposer qu'en revenant de la place Vendôme que j'aurai pu avoir rencontré ce monsieur-là ; il est encore très-possible que j'aurai bu le rogome avec lui Pour ce qui regarde de recruter , pour quiconque que ce soit, quand on m'ôteroit la vie pour le moment', je ne saurois vous répondre sur cela. (*s'adressant à M. Lucot.*) Je n'ai pas l'honneur de vous connoître.

M. Lucot. Vous ne m'avez pas dit que vous engagiez pour M. de la Salle ?

M. Rauch. Non, monsieur.

M. Lucot. Et qu'il falloit avoir de bons congés pour l'être ?

M. Rauch. Je ne connois pas M. de la Salle , et je ne sais pas ce que vous voulez me dire ; je n'ai jamais bu ni mangé avec lui , et je ne sais pas ce qu'il est.

M. Lucot. Vous m'avez pourtant dit qu'il demeuroit rue Royale.

M. Rauch. Eh ! je ne le connois pas ; je ne l'ai jamais vu.

Le président. Vous venez de dire que vous aviez bu avoir bu le rogome avec lui. Rappelez - vous la conversation que vous avez eue avec **M.** Lucot.

M. Rauch. Il est très-possible qu'en revenant de faire mon travail, que je rencontre un ancien camarade ou un homme qui peut avoir la taille comme monsieur, croyant que c'est un soldat qui a son congé absolu et qui a quitté la compagnie où j'étois. J'ai servi avec honneur et fidélité ; je sers depuis l'espace de l'année 1780 ; j'ai mon congé absolu du régiment où j'ai servi comme honnête-homme, et je n'ai jamais engagé pour quiconque que ce soit. Je ne connois pas même **M.** de la Salle, je ne sais pas ce qu'il est ou ce qu'il n'est pas, et même sa demeure je ne la connois pas.

Le président. (*montrant M. Lucot.*) Connoissiez-vous ce jeune-homme-là avant le moment où vous vous êtes trouvé avec lui ?

M. Rauch. Non, je n'ai jamais connu monsieur ni avant ni après.

Le président. Comment avez vous pu le prendre pour un ancien camarade, vous avez dû remarquer qu'il est tout jeune ?

M. Rauch. Je ne sais pas si j'ai arrêté monsieur ou si je l'ai acosté ; je ne saurois pas vous le dire. Il y a du monde qui m'acoste, parce que je vais

tous les soirs à la place Vendôme , effectivement ;
pour commander la retraite à huit heures précises ,
et je me retire chez moi après la retraite , quand les
tambours sont partis pour battre , et c'est tous les
jours.

Le président. L'avez - vous mené chez votre
cousine ?

M. Rauch. Je ne saurois vous le dire si je l'ai
mené chez ma cousine; car il y a au moins six
semaines que j'ai mis le pied chez eux; ma cousine
et mon cousin sont dans le cas de le dire , mais je
ne crois pas que cela soit.

Le président. Et vous M. Lucot ?

M. Lucot. Il m'a mené chez sa cousine, rue Saint-
Thomas-du-Louvre , à côté du café où nous avions
pris une bouteille de bierre, samedi au soir , monsieur , à six heures après midi.

Le président. Et là, qu'est-ce qu'il vous a dit?

M. Lucot. De-là il m'a voulu emmener chez lui.
Je n'ai pas voulu y aller.

Le président. Mais en buvant cette bouteille de
bierre , avez-vous eu une conversation ?

M. Lucot. La même répétition , comme je viens
de dire.

Le président. Y avoit-il des témoins.

M. Lucot. Monsieur, c'étoit le garçon ; on fermoit
la boutique.

Le président. Portoit-il le même habit ?

M. Lucot. Monsieur , la même chose.

Le *président.* Et vous , comment étiez - vous habillé ?

M. Lucot. Je crois que monsieur avoit un sabre.

Le *président.* M. Rauch , pourquoi avez - vous nié d'abord d'avoir bu le rogome ; quand vous étiez seul , vous avez dit que vous n'étiez pas sorti de chez vous.

M. Rauch. Je sors tous les soirs de chez moi , à sept heures et demie précises , pour me rendre à la place Vendôme ; après la retraite , que j'ai commandée , je m'en vais chez nous , où ce que je demeure : par ce moyen-là , il est très-possible quelquefois qu'il se trouve qu'en chemin faisant , je boive une chopine de vin avec un ami ou avec un camarade ; mais pour l'histoire d'engagement pour le régiment de M. de la Salle , ma foi je ne saurois rien vous dire là-dessus , je ne peux rien vous dire. Et bien mieux , il y a du monde qui part de chez nous depuis quelque temps , depuis quatre ou cinq mois , même depuis quinze mois , qu'on n'a pas engagé personne pour la garde nationale.

Le *président.* Monsieur Lucot , lorsqu'il vous a parlé d'engagement , il vous a offert des assignats qu'il avoit dans son porte-feuille tout plein.

M. Rauch. Oh ! monsieur , je n'en ai pas seulement pour trente-six sous de valeur.

M. Lucot. Un porte-feuille qui étoit gros comme ç³ , qui étoit tout plein , quoi !

M. Rauch : Ah ! ma foi , voilà le porte - feuille que j'ai , je ne porte pas un autre sur moi. (*Il montre*

Il montre son porte-feuille.) Voyez si j'avois un porte-feuille gros et bien plein ! voilà le porte-feuille que j'ai.

Le *président à Lucot.* Vous avez vu dedans des assignats.

M. *Lucot.* Il y avoit des papiers blancs ; je n'ai pas vu combien, moi.

Le *président.* Est-ce-là le porte-feuille qu'il vous a montré.

M. *Lucot.* Monsieur, il étoit plus gros que cela ; il a au moins huit pouces de longueur ; au reste, les officiers qui peuvent me connoître, peuvent répondre de ma conduite. J'ai perdu ma femme ; il y a 14 mois que j'ai été chez mon épouse ; j'ai été 14 mois malade ; j'ai des enfans ; on sait quelle fortune j'ai. Depuis l'année 1770 que je suis à Paris jusqu'à cette heure, on peut savoir quelle conduite j'ai tenue, par tout le monde.

Le *président.* M. *Rauch*, avez-vous été dans un café près du Palais - Royal, auprès d'un boucher, samedi.

M. *Rauch.* Il est possible que j'ai bu du rogome dans ce petit endroit, sur le carré du Palais-Royal, où-ce qu'on ne s'assis pas ; c'est à une marchande d'eau-de-vie qui vend sur le comptoir. Il est possible que lorsque monsieur m'a acosté, que je lui aurois payé pour deux sous de rogome.

M. *Lucot.* Nous en avons bu pour cinq sous.

M. *Rauch.* C'est vrai, nous en avons bu pour cinq sous ; un poisson de rogome, n'est-ce pas ? On le paye cinq sous ; il est très-possible, parce que ce soir-là j'ai bu avec plusieurs de mes amis , qui m'ont payé et que j'ai payé. Quand j'aurai peut-être rencontré Meynier , je lui aurai dit s'il auroit son engagement; mais je n'ai pas parlé d'engagement de personne, qui qu'elle soit. Il est très-possible, comme nos troupes s'en vont avec des pensions, moi le premier, j'ai parlé peut-être que je partois en pension pour compléter les quatre régimens ; mais pour parler de M. de la Salle, je n'ai pas aucun souvenir , et même je ne le connois pas.

Le *président*. Il y a si peu de temps de cela , que vous pouvez bien vous rappeller si vous avez bu le rogome avec lui; regardez-le bien.

M. *Rauch*. Je ne m'en ressouviens pas d'avoir bu le rogome avec lui.

Le *président*. Et vous, M. Lucot, avez - vous bu le rogome avec lui.

M. *Lucot*. Oui, monsieur, sur le comptoir.

Le *président*. Et vous avez eu encore la même conversation.

M. *Lucot*. C'est-là où-ce qu'il a commencé à m'entamer des paroles.

Le *président*. M. Rauch , voulez-vous vous retirer. (*puis s'adressant à Lucot.*) Connoissez - vous M. Richard.

M. *Lucot*. Non , monsieur, je ne le connois pas.

Le *président*. M. Rauch , ne vous a-t-il pas parlé de M. Richard.

M. *Lucot*. Monsieur, il ne m'en a pas parlé du

tout ; s'il m'en avoit parlé, je vous l'aurois dit la même chose.

Le président. Vous a-t-il parlé de M. Duval.

M. Lucot. Monsieur, il ne m'en a pas parlé.

Le président. Messieurs, je crois qu'on peut renvoyer. (Le *chœur* : Oui, oui.)

SCENE VIII.

LES MEMBRES DE L'ASSEMBLÉE.

Un député. Il paroît que le principal coupable, dans cette affaire, est un M. de la Salle, demeurant rue Royale ; il faut le faire venir.

Bazire. De quoi s'agit – il actuellement : voilà M. Rauch qui est accusé par M. Lucot d'avoir voulu l'enrôler ; vous n'avez jusqu'à présent que la déposition de M. Lucot : cependant il existe près de nous à Paris encore deux témoins cités par M. Lucot. Vous devez épuiser tous les moyens de vérification avant de prononcer l'accusation. Je demande que le garçon limonadier et la cousine soient appelés pour être entendus, alors vous aurez trois dépositions , et vous pourrez rendre un décret.

Fauchet, d'un air hypocrite. On éprouve un sentiment bien pénible quand on a à proposer des moyens qui doivent priver un citoyen de sa liberté, le bien le plus précieux dont il puisse jouir ; mais quand on est commandé par son devoir , quand on est lié par des

fonctions importantes , par un double engagement,
le serment que nous avons prêté et le maintien de la
liberté; ce premier sentiment sans doute doit céder
pour ne parler que le langage de la loi.

Je demande donc que M. Rauch soit mis en état
d'accusation.

Basire. Si cependant vous appreniez, après avoir
entendu le garçon limonadier & la cousine, que la
déposition de Lucot ait varié, ne seroit-il pas cons-
tant pour vous que cette déposition doit être nulle?
Eh bien ! messieurs, lorsqu'il ne tient qu'à vous d'entendre ce garçon limonadier et cette cousine, avant
de lancer contre Rauch un décret d'accusation qui le
fera mettre au secret , je ne conçois pas comment on
peut se refuser à se procurer ces renseignemens.
J'insiste pour que le garçon limonadier et la cousine
soient entendus.

Hérault. L'assemblée nationale , pour se décider
avec plus de sûreté, doit, je pense, entendre et la
cousine du sieur Rauch et le garçon limonadier , et
même le sieur de la Salle si l'on parvient à le trouver.
Comme la nuit s'avance , et que le corps législatif
ne peut pas mettre un citoyen en état d'arrestation,
lorsque le décret d'accusation n'est pas porté, je fais
la motion que le sieur Rauch soit remis à M. le maire
qui a le droit, pour un court délai , de faire mener
un citoyen dans une maison d'arrêt, afin qu'il y soit
détenu, et que l'affaire soit revue.

Ducos. Il y a de fortes présomptions contre le
sieur de la Salle : si vous vous arrêtez aux gens subal-
ternes, sans chercher les grands conspirateurs, vous

n'aurez jamais raison des conspirations. Je demande que l'assemblée prenne des mesures quelconques pour que M. de la Salle , qui est un chef de parti , soit amené sur-le-champ.

Merlin. La question est de savoir s'il y a assez de preuves pour mettre ces gens en état d'accusation.

Reboul. Vous sentez , messieurs , que l'information qui se fait dans le sein de l'assemblée nationale , ne peut se faire que d'une manière très-imposante et très-leste. Vous n'avez pas tous les moyens suffisans pour pouvoir faire saisir les personnes , et les confronter ensemble , et en même-tems pour faire faire inventaire des effets qui se trouvent actuellement chez elles : je pense en conséquence que vous pourrez charger le tribunal de la police correctionnelle, qui le premier a eu les connoissances nécessaires sur cette affaire , de faire toutes les informations et poursuites nécessaires , et remettre , en attendant , les détenus entre les mains de M. le maire de Paris.

Rouyer. J'appuie la motion de M. Basire : il est important que vous entendiez , cette nuit même , tous les témoins qui pourront vous donner des renseignemens très-importans sur cette affaire : alors vous pourrez mettre en état d'arrestation avec plus de sécurité. Car il pourroit se faire que les témoins déposassent , ainsi que M. Lucot , des mêmes faits contre le sieur Rauch. Celui-ci , alors convaincu , pourra se décider à dire à l'assemblée, qu'il connoît M. de la Salle. Je demande que l'on mette aux voix la motion de Basire.

Le *chœur* : La discussion fermée. (*On se lève.*)

Le président. Le tribunal décrète que l'on attendra le garçon limonadier et sa cousine.

Fin du premier acte.

ACTE II.

(*Il est trois heures.*)

[La nuit devient plus obscure, une partie des lumières disparoît.]

SCÈNE PREMIERE.

LES MEMBRES DE L'ASSEMBLÉE.

LAGREVOLE *entre d'un air effaré.*

JE demande la parole relativement à la question qui nous occupe : un officier m'a dit qu'il y avoit, dans le café, un particulier qui pouvoit donner des renseignemens sur l'affaire du sieur Rauch ; je me suis transporté à ce café, j'ai parlé à ce particulier, voici la conversation exacte qu'il m'a tenue : il m'a dit qu'il logeoit dans la rue Thibotodé, qu'il n'a pu y aller coucher ce soir, parce qu'il n'avoit pas d'argent, et qu'il avoit été sur-le-champ dans le corps-de-garde. A son réveil, il a entendu les soldats parler de l'affaire du sieur Rauch : il a demandé si le sieur Rauch étoit le tambour-major de la compagnie d'une telle section. On lui a répondu qu'oui ; on lui a demandé s'il connoissoit cet homme, il a répondu qu'il le connoissoit parfaitement , qu'il avoit voulu l'engager pour Worms. Il a ajouté à cela qu'il a engagé , il y a environ un mois , deux particuliers qui sont logés dans la rue de la Vannerie , maison royale ; ces deux particuliers ne sont point encore partis , mais sans doute , ayant reçu l'engagement , ils partiront bientôt. Si l'assemblée juge à propos d'entendre le particulier , il est au café.

(Le chœur : Oui , oui.)

S C E N E   I I.

L'Assemblée   M.   Ducros.

Le président. Monsieur, l'assemblée vous a appelé à sa barre , pour entendre de votre bouche ce que vous savez relativement à l'affaire du sieur Rauch. Parlez à l'asemblée avec vérité. Quel est votre nom ?

M. Ducros. Jean - Joseph Ducros.

Le président. Que faites-vous.

M. Ducros. Je suis commissionnaire pour gagner ma vie.

Le président. Où demeurez-vous.

M. Ducros. Je demeure rue Thibotodé.

Le président. Quel est votre âge.

M. Ducros. J'ai vingt-deux ans , je vais sur vingt-trois.

C 4

Le président. De quel pays êtes-vous.

M. Ducros. Natif de Paris, de la paroisse Saint Sulpice.

Le président. Expliquez à l'assemblée les faits qui vous sont connus.

M. Ducros. Monsieur, ce que j'ai à dire sur M. Rauch, c'est que je me suis trouvé, rue de Rohan, au cabaret, où je buvois un demi-septier ; et là-dessus, je comptois mes pensées à un particulier, et je dis : Seigneur - Dieu, est-il possible ! on ne trouve jamais aucun sou à présent à Paris. Le temps est si dur ! M. Rauch est venu à moi, me dire que si je voulois, qu'il me tireroit de la peine et de la misère ; et je lui dis : je ne peux pas m'engager, par rapport à l'incommodité que j'ai ; et là - dessus il me dit : n'importe. Là-dessus il a tiré un porte-feuille, plein de papier, cramoisi et de cette longueur (*montrant sa main*). Il me dit : voilà de l'argent pour faire la route, et de ville en ville, on te donnera de quoi payer ta nourriture ; et là-dessus je l'ai quitté. Je l'avois rencontré, il y a deux mois, il ne m'avoit pas parlé ; mais il y a environ trois semaines, il me dit être toujours dans les mêmes sentimens ; là-dessus, je lui dis : toujours dans le même sentiment : je ne peux pas m'engager, parce que je suis estropié ; puisque j'ai été réformé d'un régiment, ce n'est pas pour servir dans un autre ; et là-dessus il m'a laissé tranquille. Il y a donc deux de mes camarades qui sont engagés, que je ne sais pas si c'est lui qui les a engagé ; mais je m'en doute fort, parce qu'ils m'ont dit que c'étoit un soldat de la garde nationale. Il y a deux mois que je le connois ; un nez long , un homme de moyenne taille , noirot un peu , de figure brune. Il est Allemand.

Un député. Il est d'usage que lorsqu'un témoin se présente on lui donne connoissance des faits sur lesquels il doit déclarer.

Grangeneuve. Messieurs , il seroit absurde que l'on se bornât à dire à un témoin qui se présente à la barre : Monsieur , racontez-nous ce que vous savez de M. un tel ; c'est une chose impossible , l'absurdité en est frappante. Lorsqu'on veut entendre un témoin , on lui dit l'objet sur lequel on veut l'entendre , on ne gêne pas sa conscience , on ne le force pas de déclarer ce qu'il ne veut pas déclarer ; mais on lui dit un tel est taxé d'avoir fait des enrôlemens pour Coblentz ; savez-vous à cet égard-là , quelque chose qui peut éclairer l'assemblée ?

Un député. Je demande que M. le président demande au témoin pourquoi le sieur Rauch vouloit l'engager , où il vouloit l'envoyer ; quelle route il vouloit lui faire prendre.

Le Cointre. Et le nom des personnes engagées.

Girardin. Je demande à l'assemblée de vouloir bien remarquer que ce n'est point un témoin qui se présente à la barre , c'est un homme qui vient faire une déclaration purement et simplement. La déclaration faite , tout doit être dit , et vous ne pouvez pas mettre à la charge de M. Rauch sa déposition. Il faut donc bien distinguer l'homme qui déclare , d'avec l'homme qui est témoin. Or , en me résumant je dis

que s'il a fait une déclaration , tout doit être dit ,
et on ne peut lui demander autre chose.

Lacroix. Il faut , M. le président , que vous deman-
diez au particulier qui est à la barre , si on a voulu
l'engager pour la France ou pour l'étranger ; car si
l'engagement se faisoit pour la France , il n'y a point
de délit ; si au contraire , comme tout le fait croire ,
ces enrôlemens se font pour Worms ou pour Coblentz ,
alors il y aura lieu à accusation.

M. *Ducros.* Il faut savoir si le citoyen se présente
comme témoin à votre barre , car on ne peut pas
interroger les témoins , ou s'il se présente comme
déclarant , et alors on ne peut pas lui demander
quelle déclaration il veut faire , mais on peut lire
l'exposé des faits , afin de l'instruire de l'objet sur
lequel il vient faire une déclaration.

Le *chœur.* Que M. le président interroge le
particulier.

Le *président.* L'engagement qui vous a été proposé
par le sieur Rauch , étoit-il destiné pour Worms ,
Coblentz ou toute autre ville étrangère ?

M. *Ducros.* Il n'étoit pas destiné pour Coblentz ,
mais il m'a dit que c'étoit pour aller en Flandre.

Le *président.* Est - ce la Flandre française ?

M. *Ducros.* Il ne m'a pas expliqué.

Le *président.* Etoit - ce pour entrer au service des
Français émigrés ?

M. *Ducros.* Il m'a dit : tu le sauras quand tu seras
arrivé là - bas.

Le président. Vous a-t-il indiqué la route que vous deviez suivre?

M. Ducros. Oui monsieur, il m'a dit que je passerois d'ici à Villers-Cotterets, de Villers-Cotterets à Soissons, de Soissons à Laon en Laonnois, de Laon en Laonnois à Marle, de Marle à Vervins, de Vervins j'irois jusqu'à une autre ville, je ne me rappelle plus du nom.

Le président. Quelle étoit la dernière ville où vous deviez arriver?

M. Ducros. Ma foi je ne me rappelle plus du nom. D'ailleurs j'ai deux de mes camarades qui sont engagés actuellement, qui sont encore couchés à l'auberge, qui le sauroient bien mieux.

Le président. Comment s'appellent vos camarades?

M. Ducros. Je n'en connois qu'un par son nom. Il y en a un qui est sellier, et qu'on appelle le Sellier.

Le président. Savez-vous de quel endroit il est?

M. Ducros. Il y en a un de Givet, l'autre qui est du Quesnoy.

Le président. Où sont-ils logés?

M. Ducros. C'est à l'épée royale, rue de la Vannerie.

Un député. Je fais la motion qu'on fasse venir ces deux particuliers.

Le président. Reconnoîtriez-vous M. Rauch?

M. Ducros. Oui, monsieur, je le reconnoîtrois; il m'a sollicité deux mois de m'engager; mais comme je n'ai jamais eu l'idée de m'engager, parce que j'ai le malheur d'être incommodé d'une rétention d'urine.

Le président. Pouvez-vous dire quel habit porte ordinairement M. Rauch ?

M. Ducros. Un habit de garde national avec deux galons de caporal. Il est tambour – maître ; il a environ 30 ou 40 ans ; il a le visage grêlé, un peu le nez alongé, et un homme de moyenne taille.

Broussonnet. Je demande qu'on fasse venir le sieur Rauch et qu'on le confronte avec le témoin.

Le président. Dans les entretiens que vous avez eu avec le sieur Rauch, vous a-t-il parlé d'un sieur de la Salle ?

M. Ducros. Il ne m'en a parlé aucunement. Je disois toujours que je ne voulois pas m'engager, il ne m'en a parlé aucunement ; il m'a dit, viens-t'-en toujours avec moi ; je te vais faire donner de l'argent, et tu seras sûr d'avoir du pain pendant un certain temps.

Le président. Vous a-t-il parlé d'un sieur Duval ?

M. Ducros. Oui, monsieur, il m'en a parlé deux fois. Il y a trois semaines qu'il m'en a parlé une fois.

Le président. Que vous a - t - il dit du sieur Duval ?

M. Ducros. Il m'a dit que c'étoit l'officier.

Le président. Il ne vous a pas dit où il demeuroit ?

M. Ducros. Il ne m'a pas dit où il demeuroit du tout.

Le *président*. Vous a-t-il annoncé dans quel corps le sieur Duval étoit officier ?

M. *Ducros*. Non , monsieur, pas aucunement, parce que je n'ai pas voulu il y a trois semaines ; quand il m'a parlé du sieur Duval, il m'a demandé si j'étois toujours de la même idée , si je voulois servir ou non. Je lui dit : ma foi je suis toujours dans la même idée , parce que je ne peux pas servir, quoique ça me fasse de la peine ; j'ai été réformé d'un corps, et l'on sait que lorsqu'on est réformé dans un corps on ne peut plus servir dans un autre.

Lecointre. Je crois qu'il est temps d'envoyer à l'Epée royale ; un instant de plus, messieurs, ces deux hommes peuvent disparoître. En conséquence, je fais la motion expresse qu'il soit donné des ordres d'aller à l'Epée royale arrêter les deux particuliers, et je demande qu'en même temps le particulier prescrit aille , avec l'officier de police , pour les reconnoître.   (*Le chœur* : Oui oui.)

Le *président*. Le tribunal décrète la proposition de Lecointre et ordonne que l'on fasse sortir le particulier.

Rouyer. M. Rauch a déclaré qu'il n'avoit pas vu sa cousine depuis six mois. Il me semble que la première question à lui faire est de lui demander depuis quand elle a vu son cousin.

SCENE III.

L'ASSEMBLÉE, M. MANOURY,

Le président. Monsieur, quel est votre nom.

Manoury. Manoury.

Le président. Votre âge.

M. Manoury. vingt-cinq ans.

Le président. Quelle est votre profession.

M. Manoury. Je tiens un magasin d'eau-de-vie.

Le président. Où demeurez-vous.

M. Manoury. Monsieur, place du Palais-Royal.

Le président. Vous êtes - vous apperçu que, dans votre café, des personnes faisoient des enrôlemens.

M. Manoury. Non, monsieur.

Le président. Vous êtes-vous apperçu que, samedi soir, il vint dans votre café un tambour revêtu de l'uniforme national, avec un jeune-homme.

M. Manoury. Monsieur, je ne m'en rappelle pas.

Le président. Avez - vous plusieurs garçons.

M. Manoury. Je suis seul.

Le président. Connoissez - vous le sieur Raûch, tambour de la section de l'Oratoire.

M. Manoury. Non, monsieur.

Le président. Avez-vous remarqué qu'un tambour fréquentât votre café.

M. Manoury. Non, monsieur.

Le président. Connoissez - vous M. Lucot.

M. Manoury. Non, monsieur.

Le président. Monsieur, êtiez - vous samedi soir dans votre café.

M. Manoury. Oui, monsieur.

Le président. Vous êtes - vous apperçu que samedi soir, à dix heures, uu tambour ait fait des propositions à un jeune - homme pour l'enrôler.

M. Manoury. Non, monsieur.

Le président. Reconnoîtrez-vous les personnes qui, samedi soir, étoient dans votre café.

M. Manoury. Je ne le crois pas.

SCENE IV.

L'ASSEMBLÉE, M. MANOURY, M. LUCOT.

Le président. M. Lucot, connoissez-vous monsieur pour être le garçon du café où vous avez été?

M. Lucot. Oui, monsieur.

Le président. Pour être le limonadier dont vous avez parlé dans votre interrogatoire?

M. Lucot. C'est chez lui que nous avons été boire.

Le président. M. le cafetier, vous ressouvenez-vous d'avoir vu monsieur, samedi soir, dans votre café.

M. Manoury. Je crois l'avoir vu ; mais je ne peux pas vous dire si c'est samedi soir.

Le président. Vous n'avez point entendu la conversation de monsieur avec le tambour.

M. *Manoury.* Non, monsieur,

Le *président.* Qui avoit lieu entre le garde nationale et monsieur ?

M. *Manoury.* Non, monsieur.

Le *président.* M. Lucot, rappelez à monsieur les faits que vous avez déjà expliqués à l'assemblée, et qui se sont passés dans le café samedi soir.

Grangeneuve. M. Lucot a dit que la conversation qu'il avoit eue s'étoit passée dans le café de monsieur ; mais M. Lucot a dit que c'étoit devant le garçon du café. Me trompé-je, monsieur.

M. *Lucot.* Non, monsieur, il étoit un petit brin écarté.

Grangeneuve. M. Lucot a dit que c'étoit devant le garçon : je ne suis pas surpris que le maître n'ait aucune connoissance du fait ; mais le maître du café dit en même temps n'avoir pas de garçon. Voilà une difficulté que ces messieurs pourront arranger entr'eux.

Le *président.* Est-ce le particulier présent que vous avez voulu indiquer comme garçon du café.

M. *Lucot.* Oui, monsieur, c'est lui.

Le *président.* Etoit - il présent lorsque vous avez eu la conversation avec monsieur Rauch.

M. *Lucot.* Il étoit présent pour servir, puis il s'est retiré un peu à l'écart comme il fait ordinairement.

Le *président.* Pensez-vous qu'il ait pu entendre.

M. *Lucot.* Je ne crois pas, parce que monsieur n'écoute pas ce qu'on dit dans son café.

Lecointre.

Lecointre. Je crois qu'il faudroit faire paroître M. Rauch. En voyant le tambour et l'individu présens, le cafetier pourroit peut-être se rappeler. Cela le tranquilliseroit d'ailleurs. Il paroît inquiet, et ce ne sont que des éclaircissemens qu'on veut avoir, en lui faisant des questions... Il faut que monsieur se rassure.

Un député. Il faut interroger monsieur sur les cinq sous d'eau-de-vie.

SCENE V.

L'Assemblée, M. Manoury, M. Lucot, M. Rauch.

Le *président.* M. Rauch, connoissez-vous le particulier que vous avez à votre droite ?

M. *Rauch.* Je ne saurois pas le connoître.

Le *président.* Avez-vous fréquenté un café à la place du Palais-Royal ?

M. *Rauch.* Je vas quelquefois dans un café chez un marchand de rogome, où je bois quelquefois un demi-poisson.

Le *président.* Vous souvenez-vous d'y avoir été samedi soir ?

M. *Rauch.* Je ne saurois vous dire, monsieur ; je ne me souviens pas d'y avoir été.

D

Le président. Vous , M. le cafetier , vous souvenez-vous que monsieur y soit allé ?

M. *Manoury.* Non , monsieur.

Le président. Vous ne vous souvenez point qu'ils aient eu conversation ensemble ?

M. *Manoury.* Non , monsieur.

Le président. Vous souvenez - vous d'avoir vu quelquefois ces deux messieurs ensemble dans votre café ?

M. *Manoury.* Non , monsieur.

M. *Lucot.* J'y ons été samedi vers les dix heures et demie boire les cinq sous.

Rouyer. Il faudroit demander qui a payé les cinq sous.

Le président. M. Rauch , vous êtes convenu que vous alliez souvent dans ce café.

M. *Rauch.* J'y vas de temps en temps , j'y passe toutes les soirées après mon souper , quand je revenois de la place Vendôme de la retraite , parce que je vais par la rue Fromenteau pour gagner la caserne de l'Oratoire , pour prendre le quartier de derrière.

Le président. Vous convenez donc connoître le particulier présent ?

M. *Rauch.* Je ne le connois pas.

Le président. Y avez-vous bu avec M. Lucot ?

M. *Rauch.* Je ne me souviens pas d'y avoir bu avec lui.

Le président. Vous êtes convenu d'avoir bu avec monsieur.

(51)

M. *Rauch.* Il est très-possible que j'aurois bu avec monsieur sans savoir si c'est monsieur.

Le *président.* Vous ne vous souvenez pas si c'est monsieur qui a payé pour cinq sous samedi ?

M. *Rauch.* Non , monsieur.

M. *Lucot.* Je n'avois pas le sou.

Le *président.* M. le limonadier , vous pouvez vous retirer chez vous. Gardes vous répondrez de MM. Lucot et Rauch.

SCENE VI.

L'Assemblée, Madame Chabavarlet.

Le *président.* Madame , quel est votre nom ?

Madame *Chabavarlet.* Mon nom est Chabavarlet.

Le *président.* Quel est votre âge ?

Madame *Chabavarlet.* Quarante-huit ans.

Le *président.* Quelle est votre profession ?

Madame *Chabavarlet.* Fille limonadière.

Le *président.* Où demeurez-vous ?

Madame *Chabavarlet.* Rue Saint-Thomas-du-Louvre.

Le *président.* De quel pays êtes-vous ?

Madame *Chabavarlet.* Je suis de l'Auvergne.

Le président. Département du Puy - de - Dôme. Quelle est la paroisse?

Madame Chabavarlet. Ce n'est pas une ville , c'est une paroisse , la paroisse Saint-Somme.

Le président. Avez-vous des parens à Paris?

Madame Chabavarlet. Non , monsieur , je n'en ai pas, je n'ai qu'une tante ici.

Le président. Quel est son nom?

Madame Chabavarlet. Elle s'appele Leger.

Le président. Connoissez - vous un particulier nommé M. Rauch?

Madame Chabavarlet. Monsieur, je le connois pour venir chez moi boire; mais du reste , je ne le connois pas autrement.

Le président. Est-ce qu'il n'est pas votre parent?

Madame Chabavarlet. Non , monsienr ; il se dit cousin , le petit cousin de mon mari; mais mon mari ne le connoît pas.

Le président. Etes-vous veuve?

Madame Chabarvarlet. Non , monsieur, je suis remariée , j'ai un second mari.

Le président. Est-il parent à votre premier mari ou à celui-ci?

Madame Chabavarlet. Il se dit cousin , mais mon mari n'a jamais voulu le reconnoître.

Le président. Y a-t-il long-temps que vous n'avez vu monsieur Rauch?

Madame Chabavarlet. Il est venu l'autre jour , je ne sais pas quel jour, j'étois seule. Il m'a dit vouloir boire une bouteille de bierre ; je n'ai pas voulu, parce qu'il étoit onze heures. Comme j'ai dit, il est temps de se coucher.

Le *président.* Pouvez-vous vous rappeler quel jour ?

Madame *Chabavarlet.* Ma foi , monsieur, je ne me rappelle pas ; et pour lors il s'est en allé en bougonnant ; il a dit : Eh bien ! puisque vous ne voulez pas m'en donner , j'irai ailleurs ; allez, allez, lui ai-je dit ; comme j'ai vu qu'il avoit bu , je ne lui en ai pas donné.

Le *président.* Vous ne vous rappelez pas si c'est samedi ?

Madame *Chabavarlet.* Mais je crois qu'oui , que c'est samedi. Mon mari n'y étoit pas.

Le *président.* Est-ce qu'il n'y avoit pas un jeune-homme avec lui ?

Madame *Chabavarlet.* Non, monsieur , je l'ai vu tout seul.

Le *président.* Lorsqu'il vint , n'étiez-vous pas prête à fermer votre boutique ?

Madame *Chabavarlet.* Oui, monsieur , j'allois fermer.

Le *président.* Est-ce qu'il n'est jamais venu chez vous avec un jeune-homme ?

Madame *Chabavarlet.* Non , je ne l'ai jamais vu avec un jeune-homme. Je n'ai pas vu le jeune-homme boire ; mais je n'ai pas regardé , je ne fais pas attention.

Le *président.* Connoissez-vous à Paris un M. Lucot

Madame *Chabavarlet.* Non , monsieur, je ne le connois pas.

Le *président à l'huissier.* Faites venir Lucot.

SCENE VII.

L'ASSEMBLÉE, MADAME CHABAVARLET, LUCOT.

Le *président.* M. Lucot , connoissez-vous madame ?

M. *Lucot.* Je ne connois pas madame ; j'ai resté à la porte.

Le *président.* Dans quelle rue demeure madame ?

M. *Lucot.* Rue Saint-Thomas-du-Louvre, en face du Panthéon, il y a trois ou quatre marches à monter.

Le *président.* Vous êtes donc allé samedi chez madame ?

M. *Lucot.* Oui , monsieur , c'est samedi à dix heures et demie , près d'onze heures ; et il est entré chez madame ; moi je n'ai pas entré, j'ai resté à la porte. Il m'a dit , dit-il, je vas voir si on voudra me donner à boire ; peut-être bien, dit-il, que ma cousine va me dire des sottises, et ma foi il a descendu sur-le-champ.

Le *président.* Pourquoi avez-vous annoncé que vous aviez eu une conversation en présence de madame ?

M. *Lucot.* Non , je n'ai pas dit en présence de madame.

Quelques membres. Non , il ne l'a pas dit .

(55)

Le *président.* Ainsi les faits que vous avez annoncés,
sont que vous êtes seulement allé samedi au domicile de
madame, que vous êtes resté dehors, que M. Rauch est
seul entré, qu'ensuite il est sorti, et il vous a dit qu'on
ne vouloit pas lui donner à boire, et que madame
lui avoit dit des sottises. Vous n'avez donc pas vu
madame ?

M. *Lucot.* Je n'ai pas entré, parce qu'elle m'a
dit que ce n'étoit pas la peine d'y entrer.

Le *président à l'huissier.* Faites retirer monsieur,
ét amenez M. Rauch.

SCENE VIII.

L'ASSEMBLÉE, MADAME CHABAVARLET,
M. RAUCH.

Le *président.* Connoissez-vous madame ?

M. *Rauch.* Oui, monsieur, je suis son cousin germain.

Madame *Chabavarlet.* Mon cousin germain ! mon
mari n'est pas votre cousin germain.

M. *Rauch.* Oui, madame, c'est mon cousin germain.

Le *président.* Savez-vous où demeure madame ?

M. *Rauch.* Madame demeure rue Saint-Thomas-
du-Louvre, vis-à-vis le Panthéon.

Le *président.* Y allez-vous de temps en temps la
voir ?

M. *Rauch.* Quelquefois tous les quinze jours, toutes
les trois semaines.

Madame *Chabavarlet*. Il ne vient chez moi que quand il est saoul.

Le *président*. Depuis combien de temps n'y êtes-vous pas allé?

M. *Rauch*. Tout ce que je puis me souvenir, c'est que j'ai été chez madame il y a une huitaine de jours.

Le *président*. Y êtes-vous allé samedi soir?

M. *Rauch*. Je n'ai pas souvenir de ça.

Le *président*. Vous n'y êtes pas allé avec M. Lucot?

M. *Rauch*. Je n'ai pas idée de cela.

Le *président*. M. Lucot dit pourtant que vous entrâtes, et qu'il resta à la porte, que vous redescendîtes peu de temps après, et que vous vous en allâtes avec lui vers les onze heures et demie. Vous ne vous rappelez pas ces faits?

M. *Rauch*. Non, monsieur, je ne m'en rappele pas du tout.

Madame *Chabavarlet*. Il est venu samedi, à telle époque, sauf votre respect, qu'il étoit saoul comme un cochon.

M. *Rauch*. Je ne m'en souviens pas.

Madame *Chabavarlet*. Je le crois bien, que vous ne vous en souvenez pas; vous étiez trop malade.

Le *président*. Madame, vous pouvez vous retirer chez vous.

SCENE IX.

L'Assemblée, M. Rauch.

Le président. M. Rauch, vous avez d'abord annoncé que depuis six mois vous n'aviez pas vu votre cousine, & maintenant vous annoncez qu'il n'y a que quinze jours que vous l'avez vue.

M. Rauch. J'ai dit, dans ma première parole, que je vas de temps en temps chez elle. J'ai encore mon cousin, qui est le frère de l'époux de madame, qui est chez madame la marquise de Marbeuf, au faubourg Saint-Honoré. Il y a plus de six mois que je n'ai pas mis le pied chez lui.

Le président. Pourquoi avez-vous annoncé que le mari de madame étoit votre cousin germain? Cette personne dit que ce n'est pas à ce degré que monsieur est votre parent.

M. Rauch. Cousine germaine avec ma mère défunte, et je suis son sous-germain.

Le président. Vous êtes natif du Haguenau, en Alsace?

M. Rauch. J'en suis sorti depuis l'âge de quatorze ans, et je sers depuis ce temps-là. J'ai mes congés absolus chez M. Castellas, trésorier de l'état. Et M. le chevalier de Raymond que j'ai vu hier, qui est maintenant principal officier de la cavalerie; M. d'Afry, major des gardes-suisses ci-devant, et d'autres officiers, ont toujours vu que je n'ai jamais fait aucune extravagance dans mon service,

(58)

Le président. Avez - vous conservé des relations avec M. d'Agoult?

M. Rauch. Monsieur, jamais : je suis sorti du régiment depuis quinze ans , et je ne lui ai pas parlé depuis quinze ans. Il n'étoit même pas encore notre gros-major dans le temps, c'étoit M. de....

Le président. Avez-vous engagé quelques personnes à Paris ?

M. Rauch. Non , jamais je n'ai engagé personne à Paris , parce que je suis parti dès gardes-françaises il y a quinze ans. J'ai servi onze ans et demi dans le surnumériat de la cavalerie dans la garde de Paris.

Le président. Faites retirer monsieur.

***

SCENE X.

LES MEMBRES DE L'ASSEMBLÉE.

Un député. J'observe que M le président vient de faire retirer chez elles deux personnes ; cet homme ne paroît avoir aucune espèce d'inculpation contre lui ; je demande que l'assemblée délibère pour savoir s'il se peut retirer.

Un autre député. Vous ne pouvez renvoyer ce sergent-major que lorsque vous aurez entendu les deux personnes que vous venez de mander.

Le président. Prenons donc quelques momens de repos ; (*à part*) j'ai pourtant déja fait bien des quêtions aussi ridicules qu'inutiles.

Fin du second acte.

ACTE III.

(Il est cinq heures et demie.)

[La lumière reparoît ; quelques membres se placent dans un angle peu éclairé.]

SCENE PREMIERE.

LES MEMBRES DE L'ASSEMBLÉE.

LE PRÉSIDENT.

ON m'annonce que les deux particuliers sont arrivés, et qu'ils ont été reconnus par le troisième.

SCENE II.

L'ASSEMBLÉE, M. CARIGNON.

Le président. Monsieur, quel est votre nom ?

M. Carignon. François Carignon.

Le président. Quel est votre âge ?

M. Carignon. Dix-neuf ans.

Le président. Quelle est votre profession ?

M. Carignon. Terrassier.

Le président. De quel pays êtes-vous ?

M. Carignon. Du Perche.

Le président. Depuis combien de temps êtes-vous à Paris ?

M. *Carignon.* Monsieur, il y a quinze jours que je suis à Paris.

Le *président.* D'où veniez-vous quand vous êtes arrivé à Paris?

M. *Carignon.* Monsieur, je venois de mon pays.

Le *président.* Que faissiez-vous à Paris depuis votre arrivée?

M. *Carignon.* J'ai tourné des roues de coutelier.

Le *président.* N'avez-vous vu personne qui ait voulu vous engager?

M. *Carignon.* Monsieur, j'ai vu à Orléans quelqu'un qui a voulu m'engager en passant à Orléans.

Le *président.* Et à Paris, personne ne vous a proposé de vous engager?

M. *Carignon.* Personne ne me l'a proposé.

Le *président.* Ni pour la France, ni pour l'Etranger?

M. *Carignon.* Non, monsieur; d'ailleurs, je suis trop petit.

Le *président.* Ne connoissez-vous pas le tambour-major de la garde de Paris?

M. *Carignon.* Non, monsieur, je ne connois personne à Paris.

Le *président.* Vous n'avez pas vu un M. Rauch, qui vous a proposé de vous engager; il ne vous a pas offert de l'argent?

M. *Carignon.* Non, monsieur, je ne le connois pas; il n'y a que cinq jours que je suis à Paris.

Le *président.* Connoissez-vous un nommé **Cerclet**

M. *Carignon.* Je le connois d'une nuit que j'ai couché avec lui, dans la chambre où il couchoit.

Le *président.* Savez-vous d'où est le sieur Cercle ?

M. *Carignon.* Non, monsieur, je ne le connois pas.

Le *président.* Il ne vous a pas dit s'il étoit engagé ?

M. *Carignon.* Non, monsieur.

Le *président.* S'il devoit partir ?

M. *Carignon.* Non, monsieur, je ne sais pas s'il est engagé.

Le *président.* Connoissez-vous un nommé Ducros ?

M. *Carignon.* Non, monsieur, je ne connois pas cela.

Le *président.* Il vous connoît cependant ?

M. *Carignon.* Il y en a beaucoup qui couchoient où j'ai couché, mais je ne les connois pas.

Le *président.* Faites entrer Ducros.

SCENE III.

L'Assemblée, M. Carignon, M. Ducros.

Le *président.* M. Ducros, connoissez-vous monsieur.

M. *Ducros.* Monsieur je le connois depuis quatre jours, le lendemain qu'il est venu à Paris.

Le *président* (*à l'autre particulier, montrant Ducros.*) Connoissez-vous cet homme-là ?

M. *Ducros.* Je connois monsieur pour l'avoir vu en mangeant tous deux ensemble à l'auberge où nous mangeons.

Le *président.* M. DUCROS, savez-vous le nom de monsieur?

M. *Ducros.* Ma foi, je ne sais pas le nom au juste; il y en a un que je connoissois de nom, mais l'autre, je ne sais pas son nom. S'il n'est pas venu, il est à la chambre; c'est un bel homme.

Le *président.* Est-ce de lui que vous avez entendu parler, quand vous avez dit à l'assemblée qu'il y avoit deux particuliers qui s'étoient engagés?

M. *Ducros.* Ils l'ont dit à intelligible voix, il y en a qui l'ont entendu, qu'il a dit qu'il étoit engagé par un homme qui ne savoit pas.....

Le *président.* M. Carignon que répondez-vous à cette observation?

M. *Carignon.* Monsieur, je n'ai pas entendu cela. Monsieur sait peut-être qu'on a voulu m'engager à Orléans.

Le *président.* Pour quel régiment vouloit-on vous engager?

M. *Carignon.* Je ne sais pas; on n'a pas parlé du régiment: on m'a passé sous une toise; on m'a trouvé trop petit.

Le *président.* Vous a-t-on dit si c'étoit pour servir en France ou dans l'Etranger?

M. *Carignon.* Non, monsieur, on ne m'a point parlé de ça.

Le *président.* Et à Paris, on n'a pas voulu vous engager?

M. *Carignon.* Non, monsieur.

Le *président.* Il n'y a que cinq jours que vous y êtes?

M. *Carignon.* Non, monsieur.

SCENE IV.

L'ASSEMBLÉE, M. FLEURET.

Le *président.* Quel est votre nom?

M. *Carignon.* François Fleuret.

Le *président.* De quelle profession êtes-vous?

M. *Fleuret.* Peintre-vitrier.

Fauchet. Ce n'est pas celui-là.

Le *président.* De quel pays êtes-vous?

M. *Fleuret.* De Meulan.

Le *président.* Depuis quand êtes-vous à Paris?

M. *Fleuret.* Monsieur, voilà environ cinq mois.

Le *président.* Connoissez-vous le nommé le Cercle?

M. *Fleuret.* Non, monsieur.

Le *président.* Personne ne vous a-t-il proposé de vous engager?

M. *Fleuret.* Non, monsieur; si ça étoit, je vous le dirois de même.

Un député. Il est étonnant que l'assemblée nationale ne s'apperçoive pas que ce Ducros est un individu qui a voulu passer pour un personnage important; c'est perdre un temps précieux.

SCENE V.

L'ASSEMBLÉE, M. FLEURET, M. DUCROS.

Fauchet. Ce n'est pas celui-là (*à part*). Qu'elle bêtise ils ont fait-là, les j. - f.

Le président. Est-ce là le particulier que vous avez voulu désigner ?

M. Ducros. C'est le premier que j'avois voulu dire ; celui-ci, je l'ai pris pour le Cercle.

Le président. Et connoissez-vous le Cercle ?

M. Ducros. Je le connois depuis plus long-temps que monsieur ; je ne sais pas où il est logé, mais j'ai cru que c'étoit dans l'auberge.

Un député. (*à part*) Comment ce bandit-là s'est-il trouvé par hasard au corps-de-garde. M. Ducros. vous avez été payé pour cela ! (*puis regardant Fauchet*) ah ! monstre ! (*haut*). Je demanderois que, puisque M. Ducros a abusé l'assemblé. ... Le *chœur:* *Allons, allons, à l'ordre.*)

Le président. M. Ducros, savez - vous où M. le Cercle est logé ?

M. Ducros. Non, monsieur, je ne le vois que quand nous mangeons, dînons et soupons à l'auberge où il est logé.

Le

Le président. N'est-ce pas à l'épée royale, rue de la Vannerie ?

M. *Ducros.* Je ne sais pas au juste s'il est logé là ; cela se pourroit qu'il fût autre part ; mais je le vois tous les jours.

Le président. Vous savez sûrement s'il est engagé ?

M. *Ducros.* Oui, monsieur ; on le dit.

Le président. Comment le savez-vous ?

M. *Ducros.* Parce que je lui ai entendu dire plusieurs fois, à lui.

Le président. En quel endroit ?

M. *Ducros.* Dans l'auberge où il mange.

Le président. Quelle est cette auberge ?

M. *Ducros.* Ici, dans la rue de la Vannerie.

Le président. Comment s'appelle l'auberge ?

M. *Ducros.* Ah ! ma foi, je n'en sais pas le nom.

Le président. Savez-vous pour quel endroit il est engagé ?

M. *Ducros.* Je ne sais pour quel endroit il est engagé ; mais je sais qu'il va en Flandre.

Le président. Savez-vous quand il doit partir ?

M. *Ducros.* Il devoit partir hier ou aujourd'hui.

Le président (*s'adressant à Fleuret et montrant Ducros.*) Le particulier qui est-là, vous ne le connoissez donc pas ?

M. *Fleuret.* Je le connois pour l'avoir vu plusieurs fois à l'auberge.

E

Le président. Vous n'avez pas ouï dire qu'il fût engagé ?

M. *Fleuret.* Non , monsieur.

Le président. D'où connoissez-vous monsieur ?

M. *Fleuret.* Je le connois depuis huit jours qu'il loge dans l'auberge.

Le président. Connoissez-vous le nommé le Cercle ?

M. *Fleuret.* Je le connois pour avoir couché avec monsieur (*montrant* M. *Ducros*). Je crois qu'il y en a un dans la chambre, dont je crois que monsieur a couché avec moi.　　*Le chœur :* oui , oui.

Le président. Je vais renvoyer chez lui ce particulier.

SCENE VI.

L'ASSEMBLÉE, M. DUCROS, M. RAUCH.

Le président. M. Rauch, connoissez-vous monsieur ?

M. *Rauch.* Monsieur, je ne le connois pas du tout.

Le président. Vous, M. Ducros, connoissez-vous monsieur ?

M. *Ducros.* Je connois monsieur pour l'avoir vu deux fois dans le cabaret : j'étois à me plaindre, comme j'ai eu l'honneur de vous le dire ; il m'a dit que si je voulois il me tireroit de peine, qu'il m'engageroit ; et je n'ai pas su pour quel régiment : et même, monsieur m'a tiré un porte-feuille, comme j'ai eu l'honneur de vous le dire, et il m'a dit que je ferois cinquante fois mieux que d'être dans la misère où je suis encore aujourd'hui.

Le président. Qu'avez - vous à répondre, M. Rauch ?

M. Rauch. Monsieur, je ne saurois pas répondre (*s'adressant à Ducros*); je ne saurois dire dans quel endroit que je vous ai vu.

Le président. M. Ducros, pourriez-vous indiquer le jour, le lieu et l'époque ?

M. Ducros. Monsieur, je ne pourrois vous dire. Il y a environ deux mois dont il y avoit un commissionnaire qu'il étoit à boire comme moi, à la même table que moi, nous buvions chacun notre demi-septier, et monsieur dit à ce commissionnaire que j'étois bien misérable d'une sorte et de l'autre. M. Rauch m'a dit donc que si je voulois, je ferois mieux que de rester dans la misère comme je suis.

Le président. Monsieur a-t-il proposé la même chose à ce commissionnaire?

M. Ducros. Non, monsieur, parce que le commissionnaire étoit trop âgé : le commissionnaire avoit environ une cinquantaine d'années.

Le président. Le commissionnaire a-t-il entendu la proposition?

M. Ducros. Oui, monsieur.

Le président. Comment s'appelle le commissionnaire ?

M. Ducros. Le commissionnaire s'appelle.... Il se met au coin de la rue Saint-Honoré.

E

Le président. Vous ne savez donc pas le nom de ce commissionnaire ?

M. Ducros. Non, monsieur. Je le vois tous les jours ; mais je ne sais pas son nom.

Le président. Et depuis l'époque où vous avez vu M. Lucot, avez-vous revu M. Rauch ; et vous a-t-il renouvelé les mêmes propositions ?

M. Ducros. J'ai vu M. Rauch plusieurs fois ; M. Rauch ne m'a pas parlé aucunement, sinon qu'il y a environ trois semaines que M. Rauch m'a dit qu'il étoit encore dans le même sentiment, et m'a demandé si je voulois m'engager ; j'ai dit que j'étois toujours dans le même sentiment.

Le président. M. Rauch, avez-vous quelque chose à répondre ?

M. Rauch. Je ne saurois pas connoître monsieur, ou de l'avoir proposé de l'engager, ou de lui demander s'il étoit du même sentiment. Je ne connois pas ce que monsieur veut dire. Et effectivement, je viens souvent demander à des jeunes-gens s'ils veulent apprendre à battre la caisse que je montre, et voilà tout. Il est possible que j'aye pu dire à monsieur qu'il apprenne à battre la caisse, et que par la suite l'on pourroit l'engager tambour : j'ai instruit plus de cent cinquante jeunes-gens, qui sont tous exis-tans dans la garde nationale.

Le président. M. Ducros, étoit-ce pour battre la caisse que monsieur vous proposoit de vous engager ?

M. Ducros. Il ne m'a pas expliqué aucunement pourquoi c'étoit faire ; il ne m'a pas expliqué pourquoi. Il m'a dit seulement que c'étoit pour aller en Flandre.

Le président. Vous a-t-il annoncé si vous seriez payé ?

M. *Ducros.* Il m'a dit que je serois payé de ville en ville.

Le président. Vous a-t-il indiqué la route que vous deviez suivre ?

M. *Ducros.* Il m'a dit qu'on passeroit à Villers-Cotterets, de-là à Soissons, de-là à Laon, de Laon à Marles, et de Marles par Vervins. Je ne me souviens pas après.

Le président. Il vous annonçoit que vous seriez payé ?

M. *Ducros.* Oui, monsieur.

Le président. Par qui ?

M. *Ducros.* Par des personnes qui étoient pour me payer, et que j'aurois trouvées avec l'adresse ; et comme je ne me suis pas engagé, je ne puis pas savoir au juste la chose.

Le président. M. Rauch, qu'avez-vous à répondre ?

M. *Rauch.* Monsieur, j'ai l'honneur de vous répondre sur ce langage-là, que je n'ai aucune connoissance avec qui que ce soit sous la calotte des cieux ; vous pouvez écrire dans tous les pays, on peut connoître que j'ai servi dans divers régimens dans les temps : depuis vingt-deux ans que je suis connu à Paris, que je suis connu des supérieurs d'un côté et d'autre, que j'ai été admis un des

premiers au bataillon de l'Orato're pour des instruc-
tions, qu'on me connoissoit comme savant. Voilà ce
que j'ai à vous dire; vous pouvez vous informer de
ma conduite dans toute la France, dans tous les
coins du royaume, personne sûrement ne sauroit
mon nom pour ce sujet-là.

Le président. M. Ducros, M. Rauch ne vous
a-t-il pas parlé de M. Duval. M. Rauch ne vous
a-t-il pas parlé d'un officier?

M. Ducros. Monsieur, il ne m'a pas parlé d'officiers; mais il m'a dit qu'il me mèneroit dans un
endroit lorsque je serois engagé.

Le président. Vous a-t-il parlé de M. Duval?

M. Ducros. Il m'en a parlé il y a trois semaines.

Le président. M. Rauch, connoissez-vous
M. Duval?

M. Rauch. Je ne le connois pas du tout; je n'ai
aucune correspondance avec personne quelconque,
et personne ne m'a jamais demandé aucun de mes
élèves. J'en ai encore plus de vingt dans Paris qui
n'ont pas de service nulle part, qui sont des enfans
de père et de mère et de gens honnêtes. Comment
voulez-vous que j'introduise qui que ce soit dans
notre service, à moins que cela soit dans notre
nation?

Le président. N'avez-vous pas enseigné à battre la
caisse à un nommé Lucot?

M. Rauch. Non, monsieur.

Le président. Parmi vos élèves, connoissez-vous
un nommé Cercle?

M. *Rauch.* Non , monsieur, je ne le connois pas.

Le *président.* Un grand, bel homme, vous ne l'avez pas engagé; vous ne vous souvenez pas de lui avoir parlé ?

M. *Rauch.* Je n'ai jamais enseigné à de grands hommes ; ce ne sont que des jeunes enfans de quinze à seize ans, et dont le tambour-major de la sixième division est témoin que j'ai montré comme un honnête homme doit faire, que je ne me suis jamais éloigné de mon devoir.

Le *président.* Quel est le prix que vous preniez pour apprendre à battre de la caisse?

M. *Rauch.* Monsieur , la somme de trois livres par mois, ou six livres, quand c'étoit des gens opulens, dont les père et mère sont en état de payer: il y a au moins quatre mois que je n'ai pas eu d'élève, parce que j'en ai beaucoup qui ne sont pas engagés quelque part , et qui attendent de jour en jour d'avoir des places dans différens bataillons pour y entrer: je n'ai jamais fait aucune proposition à mes élèves.

Le *président.* M. Ducros, où allez-vous loger?

M. *Ducros.* Je vais loger dans la rue Thibotodé.

Le *président.* Dans quelle maison?

M. *Ducros.* Chez un auvergnat.

Le *président.* Comment s'appelle-t-il ?

M. *Ducros.* Je ne sais pas son nom au juste ; on l'appelle l'Auvergnat.

Le *président.* Savez-vous le numéro de la maison?

M. *Ducros.* Monsieur , c'est chez le marchand de

vin, au premier, à main gauche, le second marchand
de vin après avoir passé l'Arche-Marion.

Le *président.* Pourquoi n'y avez - vous pas été
coucher cette nuit?

M. *Ducros.* Monsieur, c'étoit à cause que je n'ai
pas d'argent, et qu'avec cela, j'ai une incommo-
d'té : j'ai découché plusieurs fois, quand je n'ai pas
d'argent. Je ne peux pas coucher à moins de six sous,
à cause de mon incommodité.   •

Le *président.* Messieurs, je vais renvoyer le sieur
Ducros. M. Ducros, vous pouvez vous retirer.

S C E N E   V I I.

LES MEMBRES DE L'ASSEMBLÉE

Un député. Je demande que l'assemblée statue sur
le sort de M. Richard.

Girardin. En appuyant la proposition, j'y fais
un amendement, c'est que l'assemblée ordonne que
M. Richard recevra, à la barre, des témoignages
de satisfaction pour les éclaircissemens qu'il a donnés
à l'assemblée.

Jaucourt. Lorsqu'un sergent - major de la garde
nationale, qui a besoin d'être obéi, considéré, aimé
par les hommes qu'il commande, paroîtra ici devant
un si grand nombre d'individus, et s'en ira sans
avoir reçu aucune espèce de satisfaction sur les doutes
qui ont pu s'élever sur sa conduite et ses sentimens,
certainement il n'aura plus la même considération

qu'il avoit auparavant ; je demande que le président soit autorisé à lui témoigner la satisfaction de
l'assemblée, et à lui déclarer qu'elle n'a nul soupçon
sur sa conduite.

SCENE VIII.

L'Assemblée, M. Richard.

Le *président.* Monsieur, l'assemblée nationale est
satisfaite des éclaircissemens que vous lui avez donnés ;
elle s'applaudit de vous voir exempt de tout reproche
et de tout soupçon ; elle vous rend à vos fonctions,
et à la confiance dont vos concitoyens vous ont
honoré.

SCENE IX et dernière.

Les Membres de l'Assemblée.

Un député. Comme de toutes ces dispositions et
interrogatoires, il n'est résulté aucune preuve des
crimes dénoncés, je conclus à ce qu'il n'y a pas
lieu à délibérer. (le chœur : *Ah! ah! un moment.*)

Un autre député. J'observe à l'assemblée que le nommé
Rauch est prévenu du délit d'embauchage, à l'égard
du nommé Ducros ; mais je ne crois pas que ce soit
le cas de faire porter par l'assemblée un décret
d'accusation. Je demande le renvoi aux tribunaux
ordinaires qui doivent connoître de l'embauchage.

Lagrevole. Il n'est pas possible que l'assemblée commette une inconséquence aussi grossière, et qui à juste titre la perdroit dans l'opinion publique, si elle faisoit un décret d'exception en faveur du sieur Rauch. Elle a décrété l'accusation contre le sieur Varnier pour fait d'embauchage; elle doit décréter également l'accusation contre le sieur Rauch, non pas seulement prévenu, mais convaincu d'embauchage. Quant à Lucot, je demande qu'il soit renvoyé devant le commissaire de police chez qui nous l'avons pris, pour en faire tel usage que bon lui semblera.

Thuriot. Il est incontestable, messieurs, que le délit d'embauchage pour faire passer des Français au rassemblement des conjurés sur les frontières, est un crime de lèze-nation et que c'est le cas de porter le décret d'accusation.

Un député. Je soutiens que le particulier dont il est question ne peut être envoyé à la haute cour nationale, parce que rien ne prouve qu'il faisoit des enrôlemens pour les émigrans, qu'ensuite, par les interrogatoires qui ont été faits, il est très-naturel d'attribuer sa conduite à des écarts produits par l'ivresse.

Fauchet. (*à part*) Le coup est manqué; les bélîtres ont oublié leur rôle ; tirons-nous d'affaire, un peu d'hypocrisie sauvera tout. (*Haut*) : il est certain que des enrôlemens contre l'état intéressent la sûreté générale ; mais ici nous devons observer que le sieur Lucot, dans l'interrogatoire qu'il a subi chez le commissaire, avoit dit que deux témoins attesteroient que les propos tenus pour l'engager pour les émigrés avoient été tenus en leur présence. Ces deux témoins sont venus ; ni l'un, ni l'autre n'ont rien affirmé. Il me semble que quand deux témoins annoncent qu'ils ne peuvent rien dire pour soutenir l'accusation, je crois que l'assemblée nationale ne doit point la porter, et que cela doit être simplement renvoyé à la police correctionnelle, pour de plus amples informations.

Chéron. J'ai prouvé à ma conscience, et je désire prouver à mes collégues que le sieur Rauch n'est pas coupable, n'est pas même prévenu. J'observe que le témoin déclare que le sieur Rauch lui a proposé de l'embaucher ; déclare, en même temps, qu'il a été boire du rogome (pour me servir de ce terme avec lui); mais la cousine du sieur Rauch déclare qu'un quart-d'heure avant, cet homme est venu chez elle lui demander de l'eau-de-vie. Messieurs, c'étoit à une heure du soir ; l'homme qui est taxé d'attentat contre la chose publique étoit ivre-mort ; or, assurément, messieurs, un homme dans cet état d'ivresse, ne peut pas être taxé d'attentat contre la chose publique. Au surplus, le témoin qui le dénonce vous avoit déclaré que deux personnes déclareroient comme lui. Ces deux témoins sont venus ; vous n'en avez rien pu tirer. Je conclus à la question préalable.

Plusieurs voix : La discussion fermée.

Ducos. Il y a ici des personnes dont la conscience ne veut pas être éclairée. Je déclare que je veux éclairer la mienne, et je demande que la discussion continue.

Girardin. (*à part*) Que diroit mon ami Jean-

Jacques, s'il étoit ici ? (*haut*) M. le président, je dis que lorsque nous voulons prononcer un décret d'accusation, nous devons rapprocher les témoignages énoncés contre l'accusé ; que M. Lucot s'est coupé dans toutes ses dépositions ; je dis que notre conscience n'est pas satisfaite, qu'elle nous crie... (murmures.) Si je demandois la parole pour un décret d'accusation, et que j'obtinsse plus de silence, j'en serois fâché pour l'assemblée ; je suis bien affligé, lorsque je parle ici en faveur d'un accusé, d'obtenir une telle défaveur. Vous avez de la justice, et moi j'en ai aussi. Je veux qu'on punisse les coupables ; mais avant tout, je veux que ma concience me dise: un tel est prévenu du délit qu'on lui reproche.

Or ici, comme j'ai l'honneur de vous le dire, M. Lucot a énoncé devant le commissaire de la section, des faits différens de ceux qu'il a avancés à la barre. Il a dit que c'étoit en présence du limonadier, que la conversation s'étoit tenue. Le limonadier le nie. Il n'a point dit, dans sa déposition devant le commissaire, que ce fut un enrôlement pour les émigrans, il ne l'a point même dit à la barre, (*si fait*) on lui a demandé : étoit-ce pour les princes ? il a répondu non. On lui a demandé, pour aller où ? il a dit que c'étoit pour Givet. Ici, je vous le demande à tous, M. Lucot s'est-il coupé, oui ou non ?

Messieurs, en interrogeant la loyauté de l'assemblée, je ne crains pas de me tromper : oui, les dépositions de M. Lucot ne portent point un caractère de vérité qui doit porter la lumière dans la cons-

tience de chacun de vous. En même temps , les dé-
négations de **M.** Rauch portent un caractère de
fausseté qui doivent nécessairement porter le soupçon
sur lui ; mais ce soupçon n'est pas assez fort pour
prononcer le décret d'accusation. Il est tel cependant,
que l'on doit surveiller sa conduite. Mes conclusions
sont que M. Lucot ayant avancé des faits évidem-
ment faux , Fauchet a présenté des conclusionsé vi-
quedemment justes ; je m'en réfère à ses conclusions ,
j'appuie de toute ma force.

Un député. Il y a deux témoins qui accusent le
sieur Rauch : il a varié , il a été convaincu de
fausseté ; voilà par conséquent trois présomptions
qui suffisent , et nous mettent dans la nécessité de
rendre un décret d'accusation. Quant à la compétence
de la haute cour nationale , il ne peut pas y avoir
de doute là-dessus , puisqu'elle est compétente pour
connoître des crimes contre la sureté de l'Etat. Ainsi,
je conclus à ce qu'on porte le décret d'accusation.

Un autre député. Ceux qui veulent qu'on porte le
décret d'accusation contre Rauch , se fondent sur deux
témoignages, celui de Lucot et celui de Ducros , chez
lequel il avoit bu le rogome. Il a déclaré , devant
le commissaire, qu'il avoit deux témoins des faits
qu'il avançoit. Ces deux personnes étoient le limonadier chez lequel il a bu , et la cousine. Ils ont
été entendus , et ils ont déclaré qu'ils n'en avoient
aucune connoissance. On a parlé de deux autres
personnes que le sieur Rauch avoit enrôlées. Vous
avez envoyé chercher les deux personnes ; vous avez
pris la précaution d'envoyer le sieur Ducros avec
l'officier qui est allé chercher ces deux personnes ,

afin qu'il amenât les deux personnes desquelles il
avoit entendu parler. Ces deux personnes ont com-
paru ici (*non, non*) et ont dit : nous ne connoissons
pas M. Rauch ; nous n'avons pas été enrôlés par
M. Rauch. Nous n'avons même jamais dit à M. Ducros
que nous avions été enrôlés : voilà donc , messieurs,
quels sont les deux témoignages que l'on cite ici.
Je vous demande quel est celui d'entre nous qui
puisse dire, dans son ame et conscience, que
M. Rauch est prévenu de conspiration sur ces deux
témoignages?

Gossuin. La discussion fermée.

Thuriot. J'observe à l'assemblée qne les deux particuliers qui ont été amenés ne sont point ceux qui
ont été indiqués par le sieur Ducros.

Un député. J'observe à l'assemblée que le sieur
Ducros a indiqué les deux particuliers que l'on a
amenés, comme ceux qu'il a désignés ici.

Plusieurs voix. Nous ne sommes pas deux cents.

Merlin. Nous étions deux cents vingt-neuf il y a
deux heures.

Un député. On a fait une liste, pendant la nuit,
des membres présens ; je demande que l'on fasse
l'appel nominal sur cette liste.

(Jaucourt, secrétaire, fait l'appel nominal)

Garran-Coulon. Je crois devoir déclarer que j'ai
des raisons intimes pour ne pas voter dans cette
délibérarion, et que c'est pour cela que je ne me
suis pas fait inscrire.

Jaucourt. Il résulte de l'appel qu'il y a cent soixante-
douze membres présens.

Plusieurs voix. Président , levez la séance.

Le Président. D'après l'avis d'un grand nombre de membres, qu'il est nécessaire que l'assemblée soit complette pour discuter cette affaire , j'ajourne la séance à quatre heures après midi.

Un député. Il seroit beau de rendre le roi et sa suite , témoins d'une scène aussi scandaleuse !

Grangeneuve. Ah ! nous ne sommes pas au bout. Vous verrez qu'il se présentera ce soir à la gendarmerie nationale, attachée au corps législatif, un garçon marchand de vin , nommé Lecoin , qui fera une belle déposition dans laquelle il dira qu'il a reconnu les deux hommes qu'on va détenir dans notre corps-de-garde , et que M. Rauch a voulu enrôler M. Lucot dans la gendarmerie chez M. Bellanger , marchand de vin , rue Saint-Nicaise , et les prisonniers passeront encore la nuit suivante dans le corps-de-garde.

Lagrevole. Comme de raison, et même le jour suivant. Si nous ne donnions pas une grande suite à cette affaire , on se mocqueroit de nous.

Chéron. (*d'un ton prophétique*) , nous aurons passé trente heures à entendre et à dire des sottises et des absurdités ; à faire le métier de commissaires de police ; il ne se trouvera aucun lieu à accusation, et ce grand complot tournera en eau de boudin.

(*La toile se baisse à sept heures et demie du matin*).

Fin du troisième et dernier Acte.